MOOT COURTS

Colecção SPEED

Coordenadores: HELENA PEREIRA DE MELO

FRANCISCO PEREIRA COUTINHO

MOOT COURTS

ALMEDINA

MOOT COURTS
AUTOR
FRANCISCO PEREIRA COUTINHO
EDITOR
EDIÇÕES ALMEDINA, S.A.
Rua Fernandes Tomás n.ºs 76, 78, 80
3000-167 Coimbra
Tel.: 239 851 904 · Fax: 239 851 901
www.almedina.net · editora@almedina.net
DESIGN DE CAPA
FBA.
PRÉ-IMPRESSÃO
EDIÇÕES ALMEDINA, S.A.
IMPRESSÃO E ACABAMENTO

Julho, 2017
DEPÓSITO LEGAL
....

Apesar do cuidado e rigor colocados na elaboração da presente obra, devem os diplomas legais dela constantes ser sempre objeto de confirmação com as publicações oficiais. Toda a reprodução desta obra, por fotocópia ou outro qualquer processo, sem prévia autorização escrita do Editor, é ilícita e passível de procedimento judicial contra o infrator.

BIBLIOTECA NACIONAL DE PORTUGAL — CATALOGAÇÃO NA PUBLICAÇÃO
COUTINHO, Francisco Pereira, 1978-
Moot courts. – (SPEED)
ISBN 978-972-40-7021-6
CDU 347

PREFÁCIO

O Professor Francisco Pereira Coutinho publica agora o primeiro livro em Portugal sobre *moot courts*, isto é, sobre o modelo de simulações de julgamento de tradição anglo-saxónica a que, em tempos, se chamou "jogos de Direito". A minha participação através desta brevíssima nota introdutória deve-se não a razões de ordem científica, mas à experiência acumulada ao longo dos últimos quinze anos de envolvimento, em várias qualidades, com competições nacionais e internacionais de *moot court*, com destaque para o *The Philip C. Jessup International Law Moot Court Competition* e o *European Law Moot Court Competition*.

A presente obra, depois de responder às perguntas mais frequentes sobre *moot courts* num capítulo introdutório, está estruturada em três partes a que correspondem três destinatários distintos: os concorrentes, os juízes e os organizadores deste tipo de competições. Explicando detalhadamente o funcionamento das simulações, bem como o que se pretende em cada fase das mesmas, este livro será doravante referência obrigatória para todos quantos estiverem interessados em participar num destes *moot courts* em qualquer das referidas qualidades.

Mais importante: esta obra constitui um passo essencial para criar condições para que o número de competições nacionais de *moot court* aumente e para que a participação de alunos portugueses em competições internacionais de simulação de julgamento possa crescer em número e qualidade. Efectivamente, a globalização do ensino do Direito levou a que as competições internacionais de *moot court* ganhassem crescente relevância como forma de aquisição de competências. Contudo, a frequência e a qualidade da participação das equipas portuguesas (ambas indissociavelmente ligadas) estão bastante abaixo das de outros Estados da União Europeia, em parte por força da inexistência de incentivos e/ou condições objectivas para a respectiva participação ao longo da licenciatura (1.º ciclo) em Direito.

As competições internacionais de *moot court* simulam tipicamente a discussão de um processo fictício entre dois Estados perante um órgão jurisdicional ou parajurisdicional. O caso consiste tipicamente num compromisso entre as duas partes, num texto que pode ultrapassar as 16 páginas de factos e perguntas. Aos participantes compete, em alegações escritas que podem ter até 12.000 palavras (ou seja, 20 a 30 páginas) cada, defender simultaneamente as perspectivas do autor e a do réu numa língua estrangeira. As alegações são depois avaliadas e as melhores são seleccionadas para a segunda fase da competição. Esta consiste na produção presencial de alegações orais perante painéis de júris colectivos com a duração de até noventa minutos. Trata-se de uma exposição (muito curta) e interrogatório por parte dos membros do júri em língua estrangeira. As melhores equipas apuram-se para a final, que é comummente julgada por juízes do próprio órgão jurisdicional ou parajurisdicional perante o qual o processo fictício tem lugar.

Da perspectiva da formação dos alunos, as competições de *moot court* apresentam múltiplas mais-valias:

(i) Tendo os participantes de alegar, tanto por escrito quanto oralmente, em língua estrangeira, contribuem para o desenvolvimento de conhecimentos técnicos de inglês (ou de outra língua estrangeira) jurídico;

(ii) Aprofundam os conhecimentos jurídicos dos alunos em matérias dadas na licenciatura e alargam-nos a áreas não leccionadas durante o 1.º ciclo de estudos;

(iii) Sendo as hipóteses formuladas com várias páginas de matéria de facto, fornecem aos alunos ferramentas para treinarem a aplicação do Direito aos factos e para testarem os limites de uma aplicação meramente formalista das normas jurídicas;

(iv) Constituem um incentivo à investigação individual, tanto de doutrina quanto de jurisprudência nacionais e internacionais, estimulado pelos lados lúdico e competitivo que são inerentes a qualquer desafio desta natureza;

(v) Tratando-se de simulações de julgamento, fornecem aos alunos competências práticas de elaboração de peças processuais (designadamente no que toca à exposição e defesa de um argumento jurídico), de oralidade em público (em especial perante um painel de juízes) e de estratégia processual;

(vi) Sendo os restantes participantes de nacionalidades e famílias jurídicas diversas, confrontam os alunos com formas de pensar e de trabalhar com o Direito diversas, o que enriquece as respectivas formações humana e jurídica.

Do prisma das Faculdades de Direito, a participação nestas competições traz também algumas vantagens. Por um lado, uma vez que existe uma equipa por Faculdade de Direito – e que, por isso, as equipas representam as Faculdades de que provêm –, a presença de uma equipa de determinada Faculdade contribui para a visibilidade da mesma a nível internacional. Desta perspectiva, o apoio institucional e o financiamento que as Faculdades de Direito da Universidade de Lisboa e da Universidade Nova de Lisboa têm dado às suas equipas constitui uma aposta certeira e segura das respectivas estratégias de internacionalização. Por outro lado, a participação nestas competições é valorizada pelo mercado da advocacia. Na verdade, os grandes patrocinadores são as próprias sociedades de advogados.

Paralelamente, é essencial que tenham continuidade excelentes iniciativas como o Moot Court Português de Direito Internacional – fundado pela Universidade Nova de Lisboa em parceria com a Sociedade Portuguesa de Direito Internacional, a que se juntou, por convite, a Faculdade de Direito da Universidade de Lisboa, e em que o Professor Francisco Pereira Coutinho tem tido um papel essencial como organizador – ou o Moot Court de Direito Administrativo da Associação Académica da Faculdade de Direito da Universidade Lisboa.

Espera-se, com a publicação deste livro, com a continuidade e expansão das referidas competições a nível nacional e com maior e melhor participação de alunos portugueses em competições internacionais de simulação de julgamento, que se estabeleça em Portugal uma comunidade de *moot courts*.

Lisboa, 30 de outubro de 2016

TIAGO FIDALGO DE FREITAS[1]

---

[1] Assistente convidado da Faculdade de Direito da Universidade de Lisboa e investigador associado do CIDP – Centro de Investigação de Direito Público.

NOTA PRÉVIA

I. Os moot courts foram sempre uma constante na minha vida de estudante de direito e, mais tarde, de professor. Em 2000, no 3.º ano da licenciatura, participei, juntamente com os meus colegas de curso Gonçalo Martins, Gonçalo Veiga de Macedo e Jorge Morais Carvalho, no European Law Moot Court Competition. Era a primeira vez que estudantes da Faculdade de Direito da Universidade Nova de Lisboa (Nova Direito) participavam em moot courts e não conhecíamos ninguém de outras faculdades que o tivesse feito. Valeu-nos a orientação dos nossos professores/treinadores Miguel Poiares Maduro e Nuno Piçarra. A notícia de que tínhamos sido selecionados para apresentar as nossas alegações em Budapeste foi recebida com surpresa e júbilo. A experiência revelar-se-ia extraordinária. Seria repetida em 2003, em Genebra, no ELSA Moot Competition on WTO Law com outra equipa da Nova Direito, que incluía o André Miranda, o Gonçalo Veiga de Macedo e o Pedro Caro de Sousa.

O contacto com o direito da União Europeia resultante da primeira experiência de moot court foi depois fator decisivo na escolha do tema da tese de doutoramento[2].

---

[2] Cfr. Francisco Pereira Coutinho, *Os tribunais nacionais na ordem jurídica da União Europeia: o caso português*, Coimbra Editora, 2013.

Durante a preparação do doutoramento mantive sempre a ligação aos moot courts graças ao incentivo do Professor Jorge Bacelar Gouveia, então regente da disciplina de Direito Internacional Público na Nova Direito. Foi nesta altura que orientei equipas da Nova Direito que participaram em várias edições do Jessup International Law Moot Court, em Washington, e do Telders International Law Moot Court, na Haia. Concluído o doutoramento, em 2009, foi-me atribuída a regência da disciplina de Direito Internacional Público na Nova Direito. Inclui de imediato o moot court como um exercício que faz parte da avaliação na disciplina e serve como base para o recrutamento de estudantes para as equipas que vão representar a Nova Direito neste tipo de competições.

Ao longo dos anos fui também desempenhando várias vezes o papel de júri em moot courts nacionais (Moot Court Português de Direito Internacional) e internacionais (Europa Law Moot Court, European Law Moot Court Competition e o Telders International Law Moot Court).

A minha experiência de moot courts ficaria completa em 2011, altura em que, juntamente com o Pedro Espírito Santo, criei o Moot Court Português de Direito Internacional. A competição é organizada desde então no Tribunal da Relação de Lisboa e resulta hoje de uma parceria entre a Associação de Estudantes da Nova Direito, a Faculdade de Direito da Universidade de Lisboa, a Nova Direito e a Sociedade Portuguesa de Direito Internacional.

Este livro reúne o essencial da minha experiência enquanto participante, treinador, organizador e júri de moot courts. Espero que a sua publicação venha a contribuir para o desenvolvimento sustentado de uma "cultura de moot courts" nas faculdades de direito portuguesas.

II. Esta obra contou com a colaboração do Ricardo Bastos. Conheci o Ricardo como estudante da disciplina de Direito Internacional Público na Nova Direito. Seguiu-se um brilhante *cursus honorum* de moot courts. Em 2012 venceu a simulação na sua turma do caso do Telders International Law Moot Court e foi nesse ano a Haia representar a Nova Direito. Dois anos depois, ganhou a I Edição do Europa Law Moot Court, que teve lugar em Kavala, na Grécia. Orientou ainda equipas da Nova Direito e fez parte da equipa que organizou várias edições do Moot Court Português de Direito Internacional, em que também desempenhou o papel de júri.

São igualmente devidos agradecimentos pelos preciosos contributos dados por dois outros campeões e veteranos de moot courts na Nova Direito, o Afonso Ferreira e o João Francisco Diogo.

Uma última palavra de agradecimento é devida à direção da Nova Direito. Ao longo dos anos, o seu apoio constante foi decisivo para a criação de uma espiral virtuosa que levou a que o "programa de moot courts" da Nova Direito tenha vindo a colecionar resultados de grande relevo em competições nacionais e internacionais.

Moledo do Minho, 8 de agosto de 2016
FRANCISCO PEREIRA COUTINHO
Professor da Faculdade de Direito da Universidade Nova de Lisboa
Membro do Cedis – Centro de I & D sobre Direito e Sociedade da Faculdade de Direito da Universidade Nova de Lisboa

PLANO

Esta obra foi concebida para servir de manual para todos os que pretendam participar, como membro de uma equipa ou como treinador, preparar a intervenção como júri ou organizar uma competição de moot court.

Dado o ainda relativo desconhecimento do que são os moot courts no mundo académico português, o primeiro capítulo apresenta um conjunto de FAQs. Aqui o leitor encontra resposta às principais dúvidas que possa ter sobre os moot courts, explicando-se de forma sucinta em que consistem e como funcionam este tipo de competições.

O segundo capítulo é direcionado às equipas. Passo-a--passo é explicado o caminho que estudantes e treinadores devem percorrer desde a inscrição até à audiência de julgamento.

O terceiro capítulo destina-se a todos os que pretenderem organizar um moot court. Também aqui se explicam as etapas que devem cumpridas para se conseguir realizar com sucesso uma competição.

O quarto e último capítulo é dirigido a todos que são convidados a desempenhar o papel de juízes numa competição de moot court.

Como pano de fundo exemplificativo ao longo do texto surge, sempre que possível, o Moot Court Português de Direito Internacional. A razão de ser desta escolha prende-se com a circunstância de este se tratar do único moot court realizado com regularidade em Portugal.

CAPÍTULO I
PERGUNTAS FREQUENTES

Sumário: 1. O que são os moot courts?; 2. Qual é o objetivo dos moot courts? 3. Como se estruturam os moot courts? 4. Quando surgiram os moot courts?; 5. Sobre que matérias versa a simulação judicial?; 6. Porquê participar em moot courts?; 6.1. Desenvolver capacidades e descobrir vocações; 6.2. Aprender a trabalhar em equipa; 6.3. Adquirir conhecimentos; 6.4. Valorizar o currículo; 6.5. *Networking*; 6.6. Viajar e confratenizar; 7. Em que moot courts participar?; 8. Como participar?; 9. Por que razão as faculdades de direito devem apoiar os moot courts?.

1. O que é são moot courts?

O moot court é um exercício académico em que estudantes de direito são chamados a litigar como advogados um caso hipotético (*moot*) perante um tribunal (*court*) fictício constituído por juristas especializados na matéria objeto do litígio. As simulações judiciais enquadram-se em regra numa competição que envolve várias equipas.

2. Qual é o objetivo dos moot courts?

O caso do moot court apresenta um litígio fictício, muitas vezes inspirado num caso real. Ao estudante é pedido que desenvolva uma estratégia argumentativa que explore ao máximo os factos e os argumentos jurídicos que sejam favoráveis à parte que escolheu defender. Ao contrário do que se passa na prática forense, não haverá discussão da matéria de facto. Outra diferença significativa em relação à vida judiciária resulta de os juízes não proferirem uma decisão de mérito sobre a causa; avaliam apenas quem defende melhor o seu cliente.

Uma crítica por vezes feita aos moot courts é a de que não permitem uma preparação conveniente para a prática forense: seria como se numa competição estudantil numa faculdade de medicina, os estudantes fossem avaliados com base na interação que tiveram com os pacientes ignorando-se a respetiva taxa de sobrevivência[3]. A vida judiciária releva, contudo, que a mesma factualidade pode dar origem a decisões de sentido contraditório em diferentes instâncias jurisdicionais. Estas mutações jurisprudenciais são muitas vezes resultado da intervenção do advogado no processo. Aquilo que é avaliado nos moot courts não é a interação dos estudantes com os clientes – que nem sequer estão representados na simulação –, mas sim a capacidade argumentativa apresentada perante o tribunal. Usando o mesmo paralelismo com competições estudantis em faculdades de medicina,

---

[3] Alex Kozinski, "In Praise of Moot Court – Not!", *Columbia Law Review*, 97, 1997, p. 181.

podemos afirmar que os casos de moot court apresentam um doente com uma patologia que pode ser tratada de várias formas, sendo os estudantes avaliados com base nas soluções terapêuticas que propõem.

3. Como se estruturam os moot courts?

No início do ano letivo, frequentemente em final de setembro, o caso é anunciado através do sítio da organização. Segue-se geralmente uma fase de alegações escritas. Cada equipa tem de enviar no prazo definido no regulamento da competição as peças processuais de defesa da posição do demandante e do demandado na ação. O exercício termina com a simulação de julgamento, em que cada estudante é chamado a defender oralmente a posição do demandante ou do demandado perante um coletivo de juízes. As simulações têm lugar durante um ou mais dias consecutivos num local previamente escolhido pela organização.

4. Quando surgiram os moot courts?

Etimologicamente, o vocábulo moot deriva da palavra do nórdico arcaico utilizada como substantivo para significar "encontro para discussão e deliberação"[4].

Durante a idade média, os moots eram assembleias convocadas para dirimir conflitos que envolvessem cri-

---

[4] Idem, p. 179, nota de rodapé n.º 4.

mes de sangue entre as tribos anglo-saxónicas. Estas assembleias ouviam os testemunhos do acusado e do acusador e deliberavam sobre a compensação a atribuir[5]. Constituíam, portanto, um dos antepassados dos tribunais modernos[6].

Num contexto académico, os moot courts surgem no Século XIV na Inglaterra[7]. A formação de advogados em direito inglês era na época realizada nos Inns of Court[8] — um antepassado das atuais ordens profissionais de advogados — e incluía a discussão pelos estudantes de casos hipotéticos em termos análogos aos que iriam encontrar nos tribunais:

---

[5] De acordo com Mohamed Rachid e Charles R. Knerr, "Brief History of Moot Courts: Britain and the United States", *Paper Presented at the Annual Meeting of the SouthwesternPolitical Science Association*, Galveston, 2000, p. 4, disponível em http://files.eric.ed.gov/fulltext/ED442343.pdf (consultado a 28 de julho de 2016), a primeira referência aos moots surgiu no distante ano de 997.

[6] Francis Fukuyama, *The Origins of Political Order: from Prehuman Times to the French Revolution*, Profile Books, 2011, p. 255.

[7] Entre outros, Mohamed Rachid e Charles R. Knerr, "Brief History of Moot Courts: Britain and the United States", cit., p. 1, Alisdair A. Gillespie, "Mooting for Learning", *Journal of Commonwealth Law and Legal Education*, 5, 1, 2007, p. 19, ou Bobette Wolsky, "Beyond Mooting: designing an advocacy, ethics and values matrix for the law school curriculum", *Legal Education Review*, 19, 1 e 2, 2009, p. 43.

[8] Mohamed Rachid e Charles R. Knerr, "Brief History of Moot Courts: Britain and the United States", cit., pp. 3 e 4, referem que os Inns of Courts eram escolas de direito com estatuto semelhante às de Cambridge e Oxford. Estas últimas dedicavam-se na época apenas ao estudo essencialmente teórico-dogmático do direito civil e do direito canónico.

"In these vacations after supper, in the hall, the reader, with one or two of the benchers, comes in, to whom one of the utter-barristers propounds some doubtful case which, being argued by the benchers, and lastly, by him that moved the case, the benchers sit down on the bench at the upper end of the hall; and upon the form in the middle of the hall sit two utter barristers; and on both sides of them, on the same form, sits one inner barrister, who in law French doth declare to the benchers some kind of action; the one being as it were retained for the plaintiff, and the other for the defendant: which ended, the two utter barristers argue such questions as are disputable within the said case; after which, the benchers do likewise declare their opinions, as how they take the law to be in these questions".[9]

Nas simulações judiciais medievais, os estudantes (*utter-barristers*) assumiam o papel de advogados e os seus professores (*readers* e *benchers*) o de juízes, centrando-se a discussão numa questão jurídica controvertida baseada num acervo de factos apresentado por um dos professores. Os moot courts dos dias de hoje mantêm, no essencial, estas características fundamentais.

Nos Estados Unidos da América, os moot courts tiveram início em 1820 na Universidade de Harvard, em meados na década de 1840 na Universidade da Virgínia, e fazem parte do plano de estudos da Universidade

---

[9] Robert Richard Pearce, *A Guide to the Inns of Court & Chancery*, Butterwoth's, 1855, p. 73.

de Boston há perto de cento e cinquenta anos[10]. Hoje é "virtualmente impossível encontrar uma faculdade de direito norte-americana que não inclua competições de moot courts como parte do seu plano de estudos"[11]. A importância dos moot courts no ensino do direito está bem ilustrada no conselho dado em 1930 aos estudantes de direito pelo célebre jurista norte-americano (um dos grandes nomes da escola realista) Karl Llewellyn: "são os moot courts e não as vossas disciplinas que vos vão ensinar a prática judiciária"[12].

À luz do que se disse nesta breve nota histórica, não constitui surpresa ser em países com o sistema jurídico de *common law*, como os Estados Unidos da América, o Reino Unido, a Índia ou a Austrália, que encontramos mais disseminada a prática de moot courts. É também nestes países que são organizadas as competições internacionais com maior notoriedade (v. resposta à questão 7).

5. Sobre que matérias versa a simulação judicial?

O caso do moot court pode debruçar-se sobre qualquer domínio jurídico.

---

[10] Darby Dickerson, *"In Re* Moot Court", *Stetson Law Review*, XXIX, 2000, p. 1224.

[11] Charles R. Knerr, "Brief History of Moot Courts: Britain and the United States", cit., p. 6.

[12] *The Bramble Bush: on Our Law and Its Study*, Oxford University Press, 2009 (edição original de 1930), p. 101.

Nos Estados Unidos da América, por exemplo, são organizadas competições de direito constitucional, de direito administrativo, de direito penal, de direito do trabalho, de direito comercial, de direito processual, de direito da família, de direito da comunicação social, de direito do ambiente, de direito da propriedade intelectual, de direito dos seguros ou de direito fiscal[13].

Em competições internacionais encontramos simulações de processos em que se discutem questões de direito internacional público no Tribunal Internacional de Justiça, de direito da União Europeia no Tribunal de Justiça da União Europeia, de direito internacional penal no Tribunal Penal Internacional, de direito internacional económico no órgão de resolução de litígios da Organização Mundial do Comércio, de direitos humanos no Tribunal Europeu dos Direitos Humanos, no Tribunal Inter-Americano dos Direitos Humanos ou no Tribunal Africano dos Direitos Humanos. Encontramos também competições que se desenrolam em tribunais fictícios em que se discutem questões de direito da propriedade intelectual, de direitos humanos ou de direito da comunicação social. O apelo crescente à justiça arbitral para a resolução de conflitos transnacionais levou ao surgimento de moot courts em que se discutem questões de direito do comércio internacional, de direito fiscal internacional ou de direito marítimo.

---

[13] Para uma lista exaustiva, v. Darby Dickerson, "*In Re* Moot Court", cit., p. 1223.

6. Porquê participar em moot courts?

6.1. Desenvolver capacidades e descobrir vocações

Participar num moot court constitui para muitos estudantes uma das experiências mais enriquecedoras do seu percurso académico. É um exercício que potencia o desenvolvimento de capacidades autónomas de investigação e de análise, bem como de redação e de expressão em público[14]. Em nenhuma outra cadeira do curso um estudante aprende tanto a "pensar por si próprio"[15]. No moot court é-lhe exigido que aplique o direito aos factos perante um júri que dificilmente ficará satisfeito com uma simples aplicação mecânica de normas ao litígio. Os efeitos da participação refletem-se numa melhoria assinalável da autoconfiança do estudante e das suas capacidades de comunicação e de raciocínio, as quais mais tarde tendem a ter reflexos positivos no seu desempenho escolar.

---

[14] Para uma análise desenvolvida dos benefícios dos moot courts para o desenvolvimento das capacidades dos estudantes, v. Michael V. Hernandez, "In Defense of Moot Court: a Response to "In Praise of Moot Court: Not!"", *The Review of Litigation*, 17, 1998, pp. 71 a 78.

[15] John Korzen, *Make Your Argument – Succeeding in Moot Court and Mock Trial*, Kaplan, 2010, p. 4. Em sentido próximo, Paula Gerber e Melissa Castan, "Practice Meets Theory: Using Moots as a Tool to Teach Human Rights Law", *Jornal of Legal Education*, 62, 2, 2012, p. 301, referem que os moot courts são uma oportunidade "valiosa e estimulante de aprendizagem, que é fundamentalmente diferente daquela que resulta do ensino normal na faculdade de direito".

A participação em competições internacionais permite ainda ao estudante desenvolver capacidades linguísticas em inglês jurídico – e em algumas competições em francês jurídico – na discussão de questões que apresentam muitas vezes uma natureza transnacional, de cruzamento entre o direito internacional e o direito interno, o direito privado e o direito público, o *hard law* e o *soft law*. Num contexto de acelerada globalização do direito e do seu ensino, a interação com estudantes oriundos de países de outros sistemas jurídicos, como o anglo-saxónico ou o muçulmano, constitui uma experiência muito enriquecedora para a formação dos juristas do Século XXI.

Outra capacidade que os estudantes adquirem em moot courts é a da gestão mais eficiente do seu tempo. As competições decorrem em regra em simultâneo com a frequência das disciplinas do semestre. Tal como um advogado na vida real tem muitas vezes de defender várias causas em simultâneo, o estudante tem de estabelecer prioridades e aprender a trabalhar sob a pressão do tempo.

Os moot courts levam muitas vezes à descoberta de vocações para o exercício de profissões forenses. A experiência de litigar perante um júri formado por juízes, professores e advogados permite ultrapassar definitivamente o "medo de falar em público" e constitui, em muitos casos, o primeiro passo para carreiras de sucesso.

O contacto direto durante meses com um caso determina ainda frequentemente o desenvolvimento de um interesse específico numa área do direito que de outra forma teria sido ignorada. Não é raro encontrar casos de estudantes que escolheram mestrados e doutoramentos em áreas relacionadas com moot courts em que participaram.

6.2. Aprender a trabalhar em equipa

Uma das regras de ouro para obter bons resultados em moot courts é a de que uma equipa é tão boa quanto o seu elemento mais fraco. Tal constitui um forte incentivo ao trabalho em equipa. Distinções individuais, como a de melhor orador, constituem feitos assinaláveis, mas o principal objetivo de cada estudante deve ser o de conseguir que a equipa chegue o mais longe possível na competição.

6.3. Adquirir conhecimentos

O moot court exige uma verdadeira "imersão" na área do direito sobre a qual se debruça o caso. A elaboração das alegações escritas exige o estudo intensivo de questões jurídicas que ainda não foram ou nem sequer serão discutidas durante o curso. Na preparação das alegações orais é necessário antecipar todas as possíveis perguntas que possam vir a ser feitas pelo júri.

6.4. Valorização curricular

Os moot courts são geralmente organizados ou patrocinados por faculdades, sociedades de advogados, empresas ou organismos públicos. São, por isso, bem conhecidos dos empregadores, razão pela qual constituem um dos elementos mais relevantes que os estudantes podem incluir no seu currículo[16].

Participações bem-sucedidas em moot courts têm muitas vezes como prémio estágios nos patrocinadores das competições. Para além da óbvia valorização curricular que daí advém, a frequência do estágio significa, em alguns casos, o primeiro passo para a obtenção de um emprego no final do curso.

A participação em moot courts é ainda creditada como atividade extra-curricular em muitas faculdades de direito[17] ou relevada para efeito de avaliação contínua de disciplinas[18].

---

[16] John Korzen, *Make Your Argument – Succeeding in Moot Court and Mock Trial*, cit., p. 5. Gerald Lebovits, Drew Gewuerz e Christopher Hunker, "Winning the Moot Court Oral Argument: a guide for intramural and intermural moot court competitors", *Capital University Law Review*, 41, 2013, p. 887, referem, a este respeito, que os moot courts "dão aos estudantes/advogados oportunidades sem precedentes para progredir nas suas carreiras, independentemente de pretenderem vir a litigar".

[17] É o caso da: i) Escola de Direito do Porto da Universidade Católica Portuguesa, que atribui 5 ECTS à participação numa simulação de um julgamento perante um tribunal internacional [v. http://www.direito.porto.ucp.pt/pt/central-oferta-formativa/licenciatura-em--direito_1?oferta=1 (consultado a 28 de julho de 2016)]; ii) Faculdade de Direito da Universidade de Lisboa, que prevê a atribuição de 3 ECTS pela participação na fase escrita e mais 3 ECTS pela participação na fase oral de um moot court [v. http://www.fd.ulisboa.pt/wp-content/uploads/2014/06/Regulamento-ECTS-simulacao-de-julgamento.pdf (consultado a 28 de julho de 2016)] ; iii) Faculdade de Direito da Universidade Nova de Lisboa, que reconhece 4 ECTS à participação em moot courts como "atividade extracurricular".

[18] Na disciplina de Direito Internacional Público da Faculdade de Direito da Universidade Nova de Lisboa, à participação na fase interna

6.5. *Networking*

A participação em moot courts permite a criação de uma rede de contactos que pode futuramente vir a revelar-se muito valiosa. Essa rede inclui escritórios de advogados, empresas e entidades públicas que foram contactadas no âmbito da sempre difícil tarefa de *fundraising* para assegurar a deslocação a competições internacionais. Inclui também os estudantes, advogados, juízes, professores ou outros juristas que participaram nas simulações.

6.6. *Viajar e confraternizar*

A participação em moot courts permite viajar dentro do país e, em competições internacionais, conhecer novos países e culturas. Caso o estudante consiga ultrapassar a pressão do momento, a experiência de litigar perante um júri pode ser bastante estimulante. Mas mesmo que não consiga, pode ter a certeza que no final da simulação se seguirão momentos de grande confraternização nos momentos lúdicos preparados pela organização. É provável que as ligações afetivas desenvolvidas durante o moot court se mantenham durante muito tempo. Não

---

de seleção de equipas para o Moot Court Português de Direito Internacional é atribuída uma ponderação positiva de até dois valores que acresce à nota obtida no exame da disciplina.

seria sequer inédito que casamentos resultem destes encontros![19]

7. Em que moot courts participar?

I. O número de competições de *moot courts* em Portugal é ainda reduzido e a sua organização intermitente. No âmbito do direito internacional público, a Sociedade Portuguesa de Direito Internacional e a Associação de Estudantes da Faculdade de Direito da Universidade Nova de Lisboa, em parceria, desde 2015, com a Faculdade de Direito da Universidade de Lisboa e a Faculdade de Direito da Universidade Nova de Lisboa, organizam, desde 2011, no Tribunal da Relação de Lisboa, o Moot Court Português de Direito Internacional[20]. Trata-se de uma simulação em português de um processo perante o Tribunal Internacional de Justiça. Este moot court admite oito a dez equipas de dois a quatro estudantes de licenciatura de escolas de direito e relações internacionais portuguesas. Teve como vencedores equipas do Instituto Superior de Ciências Sociais e Políticas da Universidade de Lisboa (2011 e 2013), da Faculdade de Direito da Universidade Nova de Lisboa (2012 e 2014) e da Faculdade de Direito da Universidade de Lisboa (2015).

---

[19] Foi o que aconteceu a Bill Clinton e Hillary Rodham segundo Alex Kozinski, "In Praise of Moot Court - Not!", cit., nota de rodapé n.º 5, citando Donald Baer, "Man-Child in Politics Land", *U.S. News & World Rep.*, de 14 de outubro de 1991, p. 40.

[20] Cfr. http://mootcourtportugues.cedis.fd.unl.pt/ (consultado a 28 de julho de 2016).

No campo do direito constitucional, a European Law Students Association (ELSA) Portugal lançou em 2012 a terceira edição do National Moot Court Competition Portugal, em que se simulou um processo no Tribunal Constitucional. Participaram estudantes de licenciatura de faculdades de direito portuguesas numa competição vencida por uma equipa da Faculdade de Direito da Universidade de Lisboa[21]. A primeira edição ocorreu em 2005 na Faculdade de Direito da Universidade de Lisboa (equipa vencedora da Faculdade de Direito da Universidade do Porto) e a segunda edição, no ano seguinte, na Faculdade de Direito da Universidade de Coimbra (equipa vencedora da Faculdade de Direito da Universidade de Coimbra).

Por último, no quadro do direito administrativo, a ELSA Portugal, em parceria com a Faculdade de Direito de Lisboa, organizou, em 2014, a IV Edição do National Moot Court Competition[22], aberta a equipas de 2 a 4 estudantes inscritos em faculdades de direito portuguesas. Em 2015, um moot court interno sobre temas de direito administrativo foi organizado pela Associação Académica da Faculdade de Direito da Universidade de Lisboa[23].

III. No plano internacional, a oferta de moot courts é muito vasta e diversificada. Existem também competições em que os estudantes são testados noutros papéis

---

[21] Cfr. http://nmcportugal.wixsite.com/home/mootcourt (consultado a 28 de julho de 2016)..

[22] Cfr. http://elsa-portugal.org/nmcc/ (consultado a 28 de julho de 2016).

[23] Cfr. http://www.aafdl.pt/index.php/1316-caso-moot-court--direito-administrativo (consultado a 28 de julho de 2016).

para além de "advogados de barra", como por exemplo a de advogado-geral do Tribunal de Justiça da União Europeia no European Law Moot Court. Em seguida apresenta-se uma lista não exaustiva de moot courts em que podem participar estudantes portugueses.

i. Direito internacional público (geral)

JESSUP INTERNACIONAL LAW MOOT COURT

Organização: International Law Students Association, desde 1959.
Critérios de admissão: dois a cinco estudantes de licenciatura ou mestrado em direito.
Língua: inglês.
Local: Washington, Estados Unidos da América.
Valor de inscrição: 450 Dólares.
Sítio: http://www.ilsa.org/jessuphome.
Nota: é o mais antigo e prestigiado moot court. É uma espécie de "campeonato do Mundo", pelo número e origem dos participantes. Em 2013, envolveu 550 universidades de oitenta países. A competição tem início com a redação de alegações escritas. Como só admite um representante por país, o acesso à final está por vezes dependente de sucesso numa ronda nacional. Em 2014, Portugal esteve representado pela Faculdade de Direito da Universidade Nova de Lisboa, que venceu simulação realizada em fevereiro do mesmo ano na Faculdade de Direito da Universidade de Lisboa. Em 2016 uma equipa da Faculdade de Direito da Universidade de Lisboa obteve a melhor classificação de sempre de uma equipa portuguesa (55.º lugar).

Concours de Procès Simulé en Droit International Charles-Rousseau

Organização: Réseau francophone de droit international, desde 1985.
Critérios de admissão: quatro estudantes de licenciatura ou mestrado em direito.
Língua: francês.
Local: variável (Montreal, 2014).
Valor de inscrição: 1400€.
Sítio: http://www.rfdi.net/rousseau.html.
Nota: é o equivalente francófono do Jessup International Law Moot Court. Competição tem uma fase escrita e uma fase oral.

Telders International Law Moot Court

Organização: Grotius Centre for International Law da Universidade de Leiden, desde 1977.
Critérios de admissão: dois a quatro estudantes de licenciatura em direito.
Língua: inglês.
Local: Haia (Tribunal Internacional de Justiça).
Valor de inscrição: 1250 euros.
Sítio: : http://www.grotiuscentre.org/TeldersMootCourt.aspx
Nota: só admite equipas europeias. Cada país pode inscrever uma equipa, razão pela qual o acesso à final depende muitas vezes de uma vitória numa ronda nacional. Foi o que sucedeu em Portugal em 2012, quando o país foi representado por uma equipa da Faculdade de Direito da Universidade Nova de Lisboa, que venceu uma equipa da Escola de Direito de Lisboa da Universidade Católica. Em 2005, uma equipa da Faculdade de Direito da Universidade Nova de Lisboa chegou à final desta competição, tendo um dos seus membros vencido o prémio de melhor orador.

ii. Direito internacional do ambiente

INTERNATIONAL ENVIRONMENTAL MOOT COURT COMPETITION

Organização: Institute for Biodiversity Law and Policy Stetson University College of Law, desde 1996.
Critérios de admissão: dois ou três estudantes de doutoramento em direito.
Língua: inglês.
Local: Stetson University College of Law, Gulfport, Flórida (Estados Unidos da América).
Valor de inscrição: sem custos.
Sítio: http://www.stetson.edu/law/international/iemcc/index.php.
Nota: a competição tem uma fase escrita e uma fase oral.

iii. Direito internacional dos direitos humanos

CONCOURS EUROPÉEN DES DROITS DE L'HOMME RENÉ CASSIN

Organização: Instituto de Estudos Políticos da Universidade de Estrasburgo, desde 1985.
Critérios de admissão: dois ou três estudantes do 3.º ou 4.º ano de licenciatura em estudos jurídicos ou políticos.
Língua: francês.
Local: Estrasburgo (Tribunal Europeu dos Direitos do Homem).
Valor da inscrição: sem custo.
Sítio: http://www.concourscassin.eu/index.html.
Nota: apuram-se para a fase oral as dezasseis equipas melhor classificadas na fase escrita. A organização financia o seu alojamento.

Inter-American Human Rights Competition

Organização: Academy of Human Rights and Humanitarian Law da American University, Washington College of Law, desde 1995.
Critérios de admissão: dois estudantes da licenciatura em direito.
Língua: inglês, espanhol ou português.
Local: Washington.
Valor da inscrição: 600 dólares.
Sítio: http://www.wcl.american.edu/hracademy/mcourt/index.pt.cfm.
Nota: a competição tem uma fase escrita e uma fase oral.

World Human Rights Moot Court Competition

Organização: Faculty of Law's Centre for Human Rights da Universidade de Pretória (África do Sul), desde 2009.
Critérios de admissão: dois estudantes de licenciatura em direito.
Língua: inglês.
Local: Pretória (África do Sul).
Valor de inscrição: 650 euros.
Sítio: http://www1.chr.up.ac.za/index.php/world-moot-court.html.
Nota: a competição inicia-se com uma fase escrita, apurando-se as quinze melhores equipas para a fase oral.

iv. Direito internacional espacial

> **MANFRED LACHS SPACE LAW MOOT COURT COMPETITION**
>
> Organização: Instituto Internacional de Direito Espacial (International Institute of Space Law), desde 1992.
> Critério de admissão: dois ou três estudantes de licenciatura ou mestrado em direito.
> Língua: inglês.
> Local: variável (Pequim, 2013).
> Sítio: http://www.iislweb.org/lachsmoot/.
> Inscrição: sem custos. O Centro Europeu para o Direito Espacial atribui um subsídio de 300€ às equipas qualificadas para a ronda regional.
> Nota: a competição inicia-se como uma fase escrita. As melhores equipas europeias são depois apuradas para alegarem oralmente numa ronda regional – em 2014 teve lugar em Wroclaw, na Polónia. A melhor equipa segue para a final mundial, onde defrontará a equipa vencedora da ronda Ásia/Pacífico e uma equipa dos Estados Unidos da América.

> **BIN CHENG SPACE LAW MOOT COURT COMPETITION**
>
> Organização: International Air and Space Academy, desde 2010.
> Critério de admissão: dois a quatro estudantes de licenciatura ou mestrado em direito.
> Língua: inglês.
> Local: variável (Paris, 2014).
> Sítio: http://www.spacemoot.org.
> Inscrição: 600 dólares australianos.
> Nota: a competição inicia-se como uma fase escrita. As melhores equipas europeias são depois apuradas para fazerem alegações orais numa ronda regional – em 2014 teve lugar em Londres. A melhor equipa segue para a final mundial, onde defrontará as equipas vencedoras das rondas da Ásia/Pacífico, América do Norte e América Latina.

v. Direito internacional económico

> **ELSA MOOT COMPETITION ON WTO LAW**
>
> Organização: European Law Students Association, desde 1995.
> Critério de admissão: dois a quatro estudantes de licenciatura ou mestrado em Direito.
> Língua: inglês.
> Local: Genebra.
> Sítio: http://www.elsamootcourt.org.
> Inscrição: 700 euros (final).
> Nota: a competição inicia-se como uma fase escrita. Caso exista mais do que uma equipa portuguesa inscrita é realizada uma ronda nacional – foi o que sucedeu em 2003, quando uma equipa da Faculdade de Direito da Universidade Nova de Lisboa venceu uma equipa da Faculdade de Direito da Universidade do Porto numa ronda realizada na Universidade Portucalense, no Porto. A equipa vencedora é depois apurada para uma ronda regional, que apura as melhores equipas europeias para a final de Genebra.

vi. Direito internacional penal

INTERNATIONAL CRIMINAL COURT MOOT COMPETITION

Organização: International Criminal Law Network, desde 2007.
Critérios de admissão: 3 a 5 estudantes e dois acompanhantes.
Língua: inglês.
Local: Haia.
Valor de inscrição: €975 (estudantes oriundos de países desenvolvidos) ou €350 (estudantes oriundos de países em vias de desenvolvimento).
Sítio: http://www.http://iccmoot.com
Nota: a competição tem uma fase escrita e uma fase oral.

---

vii. Direito da União Europeia

EUROPA LAW MOOT COURT

Organização: Institute Mohamed Ali for the Research of the Eastern Tradition (Grécia), desde 2014.
Critério de admissão: quatro estudantes de licenciatura ou mestrado em direito. Participação depende de convite da organização.
Língua: inglês.
Local: Kavala, Grécia.
Valor de inscrição: 1600 euros.
Sítio: não tem.
Nota: a competição reúne oito equipas que litigam apenas oralmente. Portugal tem sido representado por equipas da Faculdade de Direito da Universidade Nova de Lisboa, que venceram as edições de 2014, 2015 e 2016.

European Law Moot Court

Organização: European Law Moot Court Society, desde 1988.
Critério de admissão: três ou quatro estudantes de licenciatura ou mestrado.
Língua: inglês e francês.
Local: Luxemburgo (Tribunal de Justiça da União Europeia).
Valor de inscrição: €250 por estudante e €300 por treinador.
Sítio: http://www.europeanlawmootcourt.eu
Nota: a competição inicia-se como uma fase escrita. Cada faculdade pode apresentar mais do que uma equipa. As 48 melhores equipas são depois apuradas para uma de quatro finais regionais. Uma equipa de cada final regional qualifica-se para a "grande final", que tem lugar no Tribunal de Justiça da União Europeia, no Luxemburgo.
Um dos membros da equipa participante nas finais regionais desempenha o papel de representante da Comissão ou de advogado-geral, podendo, nessa qualidade, ser apurado para a final do Luxemburgo.
Em 2013 e 2014, o Centro de Direito da União Europeia da Escola de Direito da Universidade do Minho organizou uma das finais regionais desta competição.

viii. Direito civil

> **DRAFT COMMON FRAME OF REFERENCE INTERNATIONAL ARBITRATION MOOT**
>
> Organização: Câmara de Comércio Polaca de Varsóvia e European Legal Studies Institute, desde 2012.
> Critério de admissão: dois a seis estudantes de licenciatura ou mestrado em direito.
> Língua: inglês.
> Local: Varsóvia.
> Sítio: http://www.sakig.pl/en/news/draft-common-frame-of-reference-warsaw-international-arbitration-moot/information-about-moot
> Inscrição: sem custos.
> Nota: a competição tem uma fase escrita, em que cada equipa prepara alegações escritas, e uma fase oral, em que participam as oito equipas melhor classificadas na primeira fase.

ix. Direito do comércio internacional

> **FOREIGN DIRECT INVESTMENT INTERNATIONAL ARBITRATION MOOT**
>
> Organização: Center for International Legal Studies, Suffolk University Law School, Pepperdine University School of Law, Deutsche Institution für Schiedsgerichtsbarkeit e King's College London, desde 2008.
> Critério de admissão: mínimo de dois estudantes de escolas de direito que incluam no seu *curricula* a disciplina de direito do comércio internacional.
> Língua: inglês.
> Local: variável (2014, Malibu, Estados Unidos da América).
> Sítio: http://www.fdimoot.org/index.php.
> Inscrição: €600.
> Nota: a competição tem uma fase escrita e uma fase oral.

Moot Madrid – Competición Internacional de Arbitrage y Derecho Mercantil

Organização: Universidade Carlos III de Madrid, desde 2009.
Critério de admissão: dois a oito estudantes de licenciatura, mestrado ou doutoramento em direito.
Língua: espanhol.
Local: Madrid.
Sítio: http://www.mootmadrid.es/2014/.
Inscrição: 500€.
Nota: a competição inclui uma fase escrita e uma fase oral.

Willem C. Vis International Commercial Arbitration Moot

Organização: Association for the Organization and Promotion of the Willem C. Vis International Commercial Arbitration Moot, desde 1994.
Critério de admissão: mínimo de dois estudantes de Direito.
Língua: inglês.
Local: Viena.
Sítio: http://www.cisg.law.pace.edu/vis.html.
Inscrição: 700€.
Nota: a competição tem uma fase escrita e uma fase oral. Uma edição asiática é organizada anualmente em Hong Kong (cfr. http://www.cisgmoot.org). Portugal esteve representado em Viena por uma equipa da Escola de Direito da Universidade Católica na edição de 2008 e esteve representado por uma equipa da Faculdade de Direito da Universidade Nova de Lisboa na edição de 2017.

The International ADR Mooting Competition 2014

Organização: China International Economic and Trade Arbitration Commission, School of Law of City University de Hong Kong e School of Law of Columbia University (Nova Iorque), desde 2010.
Critério de admissão: três a seis estudantes da licenciatura, mestrado ou doutoramento em Direito.
Língua: inglês.
Local: variável (Hong Kong, 2014).
Sítio: http://www.cityu.edu.hk/slw/ADR_Moot/.
Inscrição: 6500 dólares de Hong Kong.
Nota: a competição tem apenas uma fase oral, em que os estudantes desempenham as funções de mediador, árbitro e cliente.

Frankfurt Investment Arbitration Moot Court

Organização: Goethe-Universität de Frankfurt am Main, desde 2007.
Critério de admissão: dois a quatro estudantes de mestrado em Direito.
Língua: inglês.
Local: Francoforte (Alemanha).
Sítio: http://www.investmentmoot.org.
Inscrição: sem custos.
Nota: a organização admite apenas as primeiras 45 candidaturas. Inclui uma fase escrita e uma fase oral.

x. Direito internacional fiscal e europeu

INTERNATIONAL AND EUROPEAN TAX MOOT COURT

Organização: Instituto de Direito Fiscal da Universidade Católica de Lovaina, desde 2005.
Critério de admissão: dois a quatro estudantes de mestrado ou doutoramento em direito. Participação depende de aceitação da organização. São admitidas candidaturas de faculdades de direito com programas de mestrado ou doutoramento em direito fiscal internacional ou europeu.
Língua: inglês.
Local: Lovaina.
Sítio: https://www.law.kuleuven.be/taxmootcourt/.
Inscrição: €375 por estudante.
Nota: a competição inclui uma fase escrita e uma fase oral.

---

xi. Direito internacional marítimo

INTERNATIONAL MARITIME LAW ARBITRATION MOOT COMPETITION

Organização: Murdoch University School of Law (Austrália), desde 2000.
Critérios de admissão: dois a seis estudantes de licenciatura, mestrado ou doutoramento em direito.
Língua: inglês.
Local: variável (Hong Kong, 2014).
Valor de inscrição: 750 dólares australianos.
Sítio: http://www.murdoch.edu.au/School-of-Law/Mooting/International-Maritime-Law-Arbitration-Moot/.
Nota: a competição tem uma fase escrita e uma fase oral.

xii. Direito da comunicação social

PRICE MEDIA LAW MOOT COURT COMPETITION

Organização: Progamme in Compative Media Law and Policy da Universidade de Oxford, desde 2008.
Critérios de admissão: dois a seis estudantes de licenciatura, mestrado ou doutoramento em direito.
Língua: inglês.
Local: Oxford (Reino Unido).
Valor de inscrição: não divulgado.
Sítio: http://pricemootcourt.socleg.ox.ac.uk/about-the-programme/.
Nota: a competição tem uma fase escrita e uma fase oral. Inclui também conferências e seminários sobre temas conexos com o caso.

---

xiii. Direito da propriedade intelectual

OXFORD INTERNATIONAL INTELLECTUAL PROPERTY MOOT

Organização: Oxford Intellectual Property Research Centre (Reino Unido), desde 2002.
Critérios de admissão: dois ou três estudantes de licenciatura em direito.
Língua: inglês.
Local: Oxford (Reino Unido).
Valor de inscrição: 250 libras.
Sítio: http://www.oiprc.ox.ac.uk/moot.php.
Nota: a competição inicia-se com uma fase escrita. A participação fase oral depende de convite da organização, baseado na qualidade das alegações escritas.

xiv. Direito Internacional Humanitário

> **JEAN PICTET COMPETITION**
> Organização: Comité pour le concours Jean-Pictet, desde 1989.
> Critério de admissão: três estudantes de licenciatura, mestrado ou doutoramento.
> Língua: inglês ou francês.
> Local: variável (2014 – Sintra, Portugal).
> Sítio: http://www.concourspictet.org/index_en.htm
> Inscrição: 1040 euros.
> Nota: as equipas são selecionadas com base num conjunto de questões apresentadas pela organização, devendo indicar se pretendem competir em inglês ou francês. A competição tem depois lugar durante uma semana com base num caso fictício que envolve um conflito armado. Os participantes desempenham vários papéis, por exemplo o de membros do governo, de grupos rebeldes, da Cruz Vermelha, de organizações não governamentais, etc. Devem para o efeito apresentar o seu caso perante um júri e entrar em negociações com outros participantes.

8. Como participar em moot courts?

Um estudante que queira participar num moot court deve estar inscrito num ciclo de estudos de uma faculdade e encontrar pelo menos mais um colega para formar uma equipa. Convém, no entanto, consultar as regras da competição em que pretenda inscrever-se, pois alguns moot courts apenas aceitam candidaturas institucionais, enquanto outros limitam a participação a estudantes matriculados no 1.º, 2.º e/ou 3.º ciclo de estudos em direito. Alguns moot courts admitem também a inscrição de estudantes de escolas de relações internacionais e/ou de ciência política. É o caso, por exemplo, do Moot Court Português de Direito Internacional e do Concours Européen des Droits de l´Homme René Cassin. A equipa deve ser formada logo no início do ano letivo, pois as inscrições terminam geralmente ainda antes do final do 1º semestre.

Algumas faculdades, como a Faculdade de Direito da Universidade de Lisboa e a Faculdade de Direito da Universidade Nova de Lisboa, desenvolveram "programa de moot courts" que preveem mecanismos de seleção dos estudantes que integram as respetivas equipas[24].

---

[24] Na Faculdade de Direito de Lisboa, esta competência é atribuída ao gabinete Erasmus, nos termos do art. 2.º, n° 2, do Regulamento sobre a participação de alunos em competições internacionais de simulação de julgamento (*moot courts*), disponível em http://www.fd.ulisboa.pt/wp-content/uploads/2014/06/Regulamento-ECTS-simulacao-de-julgamento.pdf (consultado a 20 de junho de 2016).

9. Por que razão devem as faculdades de direito apoiar os moot courts?

I. As equipas de moot courts são porta-estandartes das respetivas faculdades. O desempenho da equipa é um teste à qualidade do seu ensino. Bons resultados obtidos em moot courts aumentam significativamente o prestígio de uma faculdade e constituem um fator de atração para o recrutamento dos melhores estudantes para os seus programas educativos.

II. A obtenção de bons resultados de forma sustentada em moot courts depende do preenchimento de várias condições.

Em primeiro lugar, a inclusão no plano de estudos de uma disciplina que enquadre a escolha das competições e a preparação da participação dos estudantes escolhidos para representar a faculdade[25]. Com efeito, nem mesmo os estudantes mais brilhantes conseguem escrever alegações escritas ou fazer alegações orais excecionais sem

---

[25] Em Portugal não há tradição de integração dos moot courts nos planos curriculares das faculdades de direito. A exceção é a Faculdade de Direito da Universidade Nova de Lisboa, que desde o ano letivo 2015/2016 inclui a disciplina de Moot Courts como unidade curricular optativa de 4 ECTS do Mestrado Forense e Arbitragem e do Mestrado Internacional e Europeu. Na cadeira é simulado o caso do ano letivo em que a disciplina é lecionada do Willem C. Vis International Law Moort Court com o objetivo de escolher a equipa que no ano seguinte representará a faculdade nesta competição de direito do comércio internacional.

receber qualquer tipo de orientação[26]. Caso não se opte por esta solução, uma alternativa menos apelativa, mas que ainda assim pode incentivar a participação de estudantes em moot courts, é a creditação dessa participação para efeitos de conclusão do curso.

Em segundo lugar, condição para a participação em moot courts internacionais é o apoio financeiro às deslocações dos estudantes. Sem prejuízo de os estudantes deverem ser incentivados a fazer *fundraising* para comparticipar as suas deslocações, devem as faculdades alocar uma dotação anual para a participação de estudantes em moot courts.

Por último, o desenvolvimento sustentado de uma "tradição de moot courts" exige a organização regular nas faculdades de competições internas de moot court.

---

[26] Neste sentido, Michael V. Hernandez, "In Defense of Moot Court: a Response to "In Praise of Moot Court: Not!"", cit., p. 89.

CAPÍTULO II
PARTICIPAR EM MOOT COURTS

Sumário: 1. Passos iniciais; 1.1. Escolher o moot court; 1.2. Formar a equipa; 1.3. Fazer um cronograma; 1.4. Leituras preliminares; 1.5. Organizar a equipa; 2. Pesquisa; 3. Alegações escritas; 3.1. Estrutura; 3.2. Como apresentar um argumento; 4. Alegações orais; 5. Financiamento.

1. Passos iniciais

1.1. *Escolher o moot court*

Um estudante de direito em Portugal tem hoje à sua disposição uma oferta variada de competições nacionais e internacionais de moot court[27]. Esta escolha está, todavia, condicionada por uma série de fatores.

Em primeiro lugar, é preciso ler com atenção o regulamento da competição, uma vez que alguns moot courts apenas admitem estudantes de um determinado ciclo de estudos ou de uma determinada proveniência.

Em segundo lugar, é necessário apurar junto dos órgãos diretivos da faculdade sobre o interesse da escola em ter uma equipa a representa-la numa determinada

---

[27] V. *supra* resposta à questão 7 do Capítulo I.

competição. Obter o apoio institucional pode, em alguns casos, ser um requisito de inscrição e, nos demais, constitui um passo determinante para a obtenção de financiamento para o pagamento da inscrição e da deslocação para o local da competição. Nas faculdades que têm instituídos "programas de moot courts", a participação dos estudantes está limitada a competições selecionadas anualmente pelos respetivos coordenadores[28].

Uma outra circunstância que pode limitar a escolha do moot court são as competências linguísticas do estudante. As competições internacionais decorrem em regra em inglês e, em alguns casos, em francês. A participação nestes moot courts não está condicionada ao conhecimento nativo destas línguas, até porque os respetivos regulamentos dispõem invariavelmente que os conhecimentos linguísticos dos participantes não são objeto de avaliação direta. No entanto, é importante ter em atenção que a atenção dos juízes – como de qualquer pessoa – é limitada, pelo que será muito prejudicial que a mesma esteja focada na decifração daquilo que o estudante está a tentar dizer. O estudante que apresente um bom domínio da língua da competição consegue perceber mais rapidamente o sentido das questões que lhe forem colocadas e tenderá a ser mais persuasivo na exposição dos seus argumentos. A questão linguística coloca-se também em moot courts realizados em português que versem sobre direito internacional, pois os documentos

---

[28] Os moot courts em que participa a Faculdade de Direito da Universidade Nova de Lisboa podem ser consultados aqui: http://www.fd.unl.pt/conteudos.asp?id=10402 (consultado a 28 de julho de 2016).

que servirão de base para as alegações estão disponíveis em regra apenas em inglês.

1.2. Formar a equipa

Uma equipa de moot court integra em regra quatro estudantes. A equipa divide-se durante a audiência de julgamento, cabendo a dois estudantes representar o demandante da ação e aos outros dois defender o demandado[29]. Será nestes papéis que vão enfrentar outras equipas já que o regulamento da competição não permite que membros da mesma equipa litiguem entre si. Em vários moot courts as equipas integram membros que auxiliam na preparação das alegações escritas e orais, mas que acabam por não intervir diretamente no julgamento[30].

O trabalho em equipa constitui a chave para o sucesso numa competição de moot court. A preparação das alegações consume muito tempo e exige uma distribuição equitativa das tarefas de cada membro da equipa. Requer também uma grande simbiose entre todos para que sejam tomadas as decisões mais acertadas quanto à

---

[29] Esta divisão, que constitui a regra, não é seguida, por exemplo, no European Law Moot Court, em que as alegações orais de cada parte são feitas apenas por um estudante, ficando um terceiro com o papel de advogado-geral ou de representante da Comissão Europeia.

[30] No Willem C. Vis International Commercial Arbitration Moot, algumas equipas apresentam até 30 elementos. Cfr. AAVV, *A Guide to the Willem C. Vis International Commercial Arbitration Moot*, Center for International Legal Education at the University of Pittsburgh School of Law, 2013, p. 5.

estratégia argumentativa a adotar. O processo de constituição da equipa, e mais tarde da definição do papel de cada membro dentro da equipa, é, por isso, um momento muito importante. A inclusão de um novo membro na equipa deve ser condicionada à assunção por este de compromisso de empenho total até ao final da competição. O *free riding* de alguém desestabiliza o equilíbrio da equipa e causa quase inevitavelmente o seu fracasso.

Em muitas competições as equipas são orientadas por um ou mais treinadores (muitas vezes designados como *coaches*). Estes podem ser um professor ou um estudante que tenha experiência de participação em moot courts e, preferencialmente, no moot court em que a equipa vai participar. O *coach* não deve substituir-se aos membros da equipa na definição da estratégia argumentativa a adotar nas alegações. Tal não impede que auxilie os estudantes na identificação dos principais problemas jurídicos suscitados pelo caso, que faça sugestões quanto a recursos de investigação, que comente a viabilidade dos argumentos que os estudantes pretendem utilizar ou mesmo que, ainda que limitadamente, sugira outros argumentos[31]. A intervenção do *coach* é particularmente importante para o desenvolvimento de *soft skills* dos estudantes, em particular no domínio das técnicas a empregar na redação das alegações escritas e na apresentação das alegações orais. O seu contributo pode também ser particularmente valioso no que diz respeito à transmissão de conhecimentos informais sobre a competição.

---

[31] Art. 6.º do Regulamento do Moot Court Português de Direito Internacional (Anexo II).

1.3. *Fazer um cronograma*

O moot court é um exercício que exige uma grande dedicação e esforço na preparação das alegações escritas e orais. A gestão do tempo assume grande importância, pelo que é recomendável que as equipas elaborem um cronograma com as etapas e os prazos que devem ser cumpridos ao longo da competição (v. exemplo no Anexo III).

1.4. *Leituras preliminares*

Muitas vezes os estudantes não estão familiarizados com as questões de direito que são apresentadas no caso. Por essa razão, é aconselhável que as semanas que antecedem a divulgação do caso sejam dedicadas ao estudo, ainda que superficial, de manuais sobre a área do direito sobre qual incide o moot court e, em particular, das regras processuais aplicáveis ao procedimento perante o tribunal em que decorrerá o julgamento.

1.5. *Organizar a equipa*

I. O caso é divulgado no sítio da internet do moot court no início do ano letivo[32].

---

[32] Nos termos do art. 5.º, n.º 2, do Regulamento do Moot Court Português de Direito Internacional (Anexo I), o caso é disponibilizado durante a última semana de setembro.

Logo após a sua publicação, os membros da equipa devem reunir para analisar o caso em conjunto. Esta reunião deve ser preparada por cada membro, que previamente deve ler o caso várias vezes e fazer todas as anotações que considerar relevantes. Para o efeito será útil criar um Google Doc ou documento eletrónico similar em que cada membro da equipa deve inserir as principais questões factuais e jurídicas suscitadas pelo caso. A reunião inicial da equipa tem como objetivo fazer uma triagem destes elementos e proceder a uma divisão das tarefas de pesquisa e preparação das alegações escritas.

II. O caso pode apresentar algumas omissões, incongruências ou imprecisões factuais que podem afetar a definição da estratégia a adotar. As equipas podem remeter à organização pedidos de clarificação sobre os factos do caso até expirar um prazo previamente definido. Como este prazo é em regra muito curto, as equipas devem iniciar a análise do caso logo após a sua publicitação.

A organização do moot court publica no sítio da competição as respostas aos pedidos de clarificação remetidos pelas equipas. Estas respostas devem ser lidas com muita atenção, pois podem incluir precisões factuais que se devem considerar como integrando o acervo factual do caso.

III. Os casos dos moot courts apresentam invariavelmente questões jurídicas referentes a regimes jurídicos que não apresentam entre si uma conexão direta. Uma vez que será necessário responder a essas questões na perspetiva do demandante e do demandado na ação, é aconselhável que a equipa seja dividida em dois grupos. Cada grupo ficará responsável pelo tratamento de determinadas questões jurídicas, cabendo-lhe fazer a respetiva pesquisa e elaborar o correspondente segmento das alegações escritas das duas partes. Apenas na simulação de julgamento este grupo se separará, ficando um estudante com a responsabilidade de defender o demandante e outro o demandado. Esta última decisão pode ser tomada apenas após a entrega das alegações escritas.

Os prazos do moot court são curtos e a disponibilidade de tempo dos estudantes é limitada pela necessidade de compatibilizar a participação no moot court com o estudo para as outras disciplinas lecionadas durante o semestre. A divisão da equipa por áreas materiais do caso permite uma pesquisa mais direcionada e o desenvolvimento de argumentos mais persuasivos e fundamentados. Acresce que na fase de preparação da audiência de julgamento será particularmente útil ter alguém dentro da equipa com quem treinar as perguntas que possam vir a ser feitas pelo júri.

2. Pesquisa

I. A pesquisa das fontes que vão fundamentar as alegações será provavelmente a tarefa que irá consumir mais tempo e energia à equipa. As fontes variam de acordo com as competições de moot court.

No caso do Moot Court Português de Direito Internacional, uma boa indicação das fontes relevantes pode ser encontrada no art. 38º do Estatuto do Tribunal Internacional de Justiça, em que se refere que o Tribunal, cuja função é decidir em conformidade com o direito internacional as controvérsias que lhe forem submetidas, aplica:

> a) As **convenções internacionais**, quer gerais, quer especiais, que estabeleçam regras expressamente reconhecidas pelos Estados litigantes;
> b) O **costume internacional** como prova de uma prática geral aceite como direito;
> c) Os **princípios gerais de direito** reconhecidos pelas nações civilizadas;
> d) (...) as **decisões judiciais** e a **doutrina** dos publicistas mais qualificados das diferentes nações como meio auxiliar para a determinação das regras de direito.

a) As convenções internacionais

As convenções internacionais são uma fonte primária escrita de direito internacional. Por essa razão, é muito provável que as principais normas aplicáveis ao litígio estejam previstas em tratados e acordos internacionais.

É importante ter em atenção que as partes em litígio são, em regra, membros das Nações Unidas. Daqui decorre a supremacia das disposições da Carta das Nações Unidas sobre quaisquer outras normas constantes de convenções internacionais celebradas entre as partes (art. 103.º da Carta das Nações Unidas) e a impossibilidade de invocar perante qualquer órgão das Nações Unidas tratado ou acordo celebrado entre as partes que não tenha sido registado e publicado pelo Secretariado das Nações Unidas (art. 102.º, n.º 2, da Carta das Nações Unidas).

A sanção de ineficácia resultante da ausência de registo e publicação de uma convenção deve, todavia, ser afastada em virtude de o Tribunal Internacional de Justiça não fazer uma interpretação muito rigorosa do art. 102.º, n.º 2, da Carta das Nações Unidas, admitindo aplicar convenções que não tenham sido objeto de registo pelas partes[33].

Alguns moot courts de direito internacional público enumeram as convenções internacionais aplicáveis, as quais podem ser ficcionais ou existir na realidade. A pesquisa destas últimas deve ser feita na United Nations Treaty Series Online[34].

Se as partes em litígio estiverem vinculadas a convenções internacionais será mais fácil justificar a sua aplicação ao caso concreto do que se as partes não se tiverem vinculado a essas mesmas convenções ou apenas uma delas o tiver feito. Ainda assim, se as convenções que se pretende invocar vincularem um número muito significativo de partes, em alguns casos é possível alegar que algumas das suas normas positivam normas de direito internacional consuetudinário.

Depois de recolher as convenções aplicáveis ao litígio, o estudante deve proceder à sua leitura integral e ir tomando nota de todas as disposições que possam ser relevantes para o caso. Importa, a este propósito, não esquecer que o n.º 1 do art. 31.º da Convenção de Viena sobre o Direito dos Tratados entre Estados refere que o tratado

---

[33] Anthony Aust, *Handbook of International Law*, 2ª Edição, Cambridge University Press, 2010, p. 104.

[34] Disponível em https://treaties.un.org.

deve ser interpretado de boa-fé, de acordo com o sentido comum a atribuir aos seus termos no respetivo contexto.

b) Costumes internacionais

Os costumes internacionais são outra fonte primária de direito internacional que pode ser aplicada pelo Tribunal Internacional de Justiça. A sua invocação está, todavia, dependente da prova dos seus elementos constitutivos: i) existir uma **prática** que ii) é observada como **obrigatória**. Esta prova pode ser feita pelo elencar de factos que comprovem o preenchimento dos dois elementos do costume ou, mais facilmente, através da citação de doutrina e de jurisprudência que reconheça expressamente a existência da norma costumeira.

c) Princípios gerais de direito

Os princípios gerais de direito constituem um elemento essencial para a construção dos argumentos que vão fundar as alegações, tendo em atenção a sua função legitimadora, interpretativa, integradora e complementadora da ordem jurídica internacional[35].

d) Jurisprudência e doutrina

I. A referenciação jurisprudencial e doutrinal constitui um elemento-chave para a elaboração de alegações

---

[35] Jorge Bacelar Gouveia, *Manual de Direito Internacional Público*, 4ª Edição, Almedina, 2013, p. 172.

persuasivas e fundamentadas. Com efeito, uma determinada interpretação de uma norma de direito internacional terá outro impacto se aparecer respaldada com a opinião de um tribunal ou de um autor reconhecido.

Mas como encontrar as decisões judiciais e os textos doutrinais mais relevantes?

Se o caso incluir referências a convenções internacionais existentes na realidade, o primeiro passo da pesquisa deve ser o de procurar na biblioteca da faculdade obras que comentem artigo-a-artigo essas convenções. Os comentários incluem frequentemente as referências mais importantes feitas na jurisprudência e na doutrina sobre a interpretação dessas disposições convencionais.

Outra forma de pesquisa bastante eficaz é a consulta a obras que apresentem jurisprudência e/ou doutrina resumida. Em língua portuguesa, recomenda-se a obra *Jurisprudência Resumida do Tribunal Internacional de Justiça*, de Manuel de Almeida Ribeiro e Francisco Pereira Coutinho, que inclui uma resenha das decisões do Tribunal Internacional de Justiça proferidas até ao final de 2015[36]. A pesquisa pode ser feita através das palavras-chave que os autores atribuíram a cada a decisão. Em língua inglesa, recomenda-se a obra *Cases and Materials on International Law*, de D. J. Harris e de Martin Dixon, Robert McCorquodale e Sarah Williams[37], constituida por cita-

---

[36] Manuel de Almeida Ribeiro e Francisco Pereira Coutinho, *Jurisprudência Resumida do Tribunal Internacional de Justiça*, Dom Quixote, 2016.

[37] Cfr. Martin Dixon, Robert McCorquodale e Sarah Williams, *Cases and Materials on International Law*, 5ª Edição, Oxford University

ções jurisprudenciais e comentários doutrinais organizados por áreas temáticas.

Para compreender de forma célere os conceitos e institutos de direito internacional mais relevantes para o caso é muito útil recorrer a dicionários e enciclopédias jurídicas, como a *Enciclopédia de Direito Internacional Público*, coordenada por Manuel de Almeida Ribeiro, Isabel Cabrita e Francisco Pereira Coutinho[38], e, em particular, a *Max Planck Encycopedia of Public International Law*, disponível em linha em http://opil.ouplaw.com/home//EPI.

Outros repositórios bibliográficos e jurisprudenciais muito úteis disponíveis na internet são as bases de dados da *Oxford Public International Law* (http://opil.ouplaw.com/), que incluem resumos de jurisprudência nacional sobre direito internacional (*Oxford Reports on International Law*, disponível em http://opil.ouplaw.com/home/ORIL), doutrina (*Oxford Scholarly Authorities on International Law*, disponível em http://opil.ouplaw.com/home/OSAIL) e convenções internacionais (*Oxford Historical Treaties*, disponível em http://opil.ouplaw.com/home/OHT).

A consulta a manuais gerais de direito internacional é também importante. Nestas obras, os estudantes encontram a explicação atualizada do regime jurídico em que se inclui a questão discutida no caso.

Press, 2008, e D.J. Harris, *Cases and Materials on International Law*, 8ª Edição, Sweet and Maxwell, 2015.

[38] *Enciclopédia de Direito Internacional Público*, Almedina, Coimbra, 2011.

Encontram também a indicação das decisões jurisprudenciais e/ou obras doutrinais que abordam especificamente essa questão. Estas referências bibliográficas e jurisprudenciais, por sua vez, remetem para outras ainda mais específicas. A repetição desta metodologia de pesquisa permitirá reunir as decisões e obras necessárias para aferir qual é "estado-da-arte" jurisprudencial e doutrinal da questão jurídica discutida no caso.

A recolha de elementos bibliográficos pode ser feita através da consulta a obras e revistas jurídicas ou através do recurso a bases de dados como a Westlaw (www.westlaw.com). Esta pesquisa pode em regra ser feita na biblioteca da faculdade. Algumas obras podem também ser acedidas através dos motores de busca.

As decisões judiciais podem ser consultadas diretamente no sítio dos respetivos tribunais. Por exemplo, no sítio do Tribunal Internacional de Justiça (www.icj-cij.org), no separador *Cases*, encontra-se a lista completa de todos os casos decididos pelo tribunal desde 1947. Selecionando um dos casos listados acede-se a uma base com todos os documentos do processo (alegações, incidentes processuais, etc.), dos quais o mais importante será a decisão de mérito (*Judgment*).

A quantidade de decisões judiciais e obras doutrinas recolhidas pela equipa pode ser avassaladora. É, por isso, conveniente seguir algumas linhas orientadoras de pesquisa:

Selecionar

A tendência natural será a de imprimir todos os textos jurisprudenciais e doutrinais que se debrucem sobre temas afins aos discutidos no caso, antes mesmo de se ter aferido com uma razoável certeza sobre a sua verdadeira utilidade para as alegações. Isto é tanto um desperdício de energia como de papel.

Ler o mais importante

Mesmo depois de se fazer uma seleção das decisões judiciais e obras doutrinais mais relevantes não é necessário lê-las a todas na íntegra. Em muitos casos bastará analisar parcialmente os textos, especialmente se já se dispuser de informação sobre quais são as secções mais relevantes. Por exemplo, a leitura integral de decisões de mérito do Tribunal Internacional de Justiça pode ser em muitos casos contraproducente, pois irá consumir demasiado tempo. Para se compreender a *ratio decidendi* utilizada pelo tribunal num determinado acórdão poderá ser suficiente a leitura do respetivo sumário e, caso se tenha essa informação, dos parágrafos mais relevantes da decisão.

Fazer uma ficha de leitura

A leitura de uma decisão judicial ou de um texto doutrinal deve sempre redundar na elaboração de uma ficha de leitura em que constem todos os elementos que possam vir a úteis para os argumentos que vão ser apresentados nas alegações. Em particular, na secção citações da ficha de leitura deve ser incluída a transcrição das passagens que se consideram mais relevantes das decisões judiciais e dos textos doutrinais consultados (v. Anexo IV).

II. A jurisprudência é uma ferramenta importante de fundamentação de argumentos jurídicos, especialmente quando as decisões judiciais foram proferidas pelo tribunal em que corre o processo.

A pesquisa tem como objetivo reunir um acervo de decisões judiciais relevantes para a construção e fundamentação das alegações. A pesquisa deve incluir o tribunal que julga o processo, mas pode abranger outros tribunais internacionais, tribunais arbitrais e mesmo tribunais nacionais.

No caso particular do Tribunal Internacional de Justiça, importa notar que o artigo 59º do Estatuto estabelece que "(a) decisão do Tribunal só será obrigatória para as partes litigantes e a respeito do caso em questão". Nas alegações é assim precisa alguma cautela para não se cair no erro de se afirmar que o precedente é vinculativo – como é a regra nas ordens jurídicas de matriz anglo-saxónica. Em todo o caso, as decisões proferidas em casos semelhantes demonstram com um grau de confiança elevado que o tribunal decidirá de forma similar no caso em juízo.

III. Os argumentos incluídos nas alegações podem também ser fundamentados com citações de doutrina ou com a referência à posição adotada por um determinado autor. Em particular nas alegações orais, a utilização de referenciações doutrinais deve ser bastante criteriosa e comedida, pois os juízes dificilmente se deixarão impressionar por um argumento de autoridade de fonte doutrinal.

e) Atos unilaterais e soft law

Apesar de omissos da enumeração feita no art. 38.º do Estatuto do Tribunal Internacional de Justiça, os atos unilaterais dos Estados – a promessa, o reconhecimento, a renúncia, a notificação e o protesto – e de outros sujeitos internacionais – por exemplo, as resoluções do Conselho de Segurança adotadas ao abrigo do Capítulo VII da Carta das Nações Unidas (art. 25.º e 103.º da Carta das Nações Unidas) – são também fontes de direito internacional que podem ser invocadas perante o Tribunal Internacional de Justiça.

Normas do chamado *soft law* devem também ser tidas consideração nas alegações. Estas são constituídas por princípios, regras e *standards* que regem as relações internacionais, mas que não podem ser consideradas como emanando de uma das fontes do direito internacional enumeradas no art. 38.º, n.º 1, do Estatuto do Tribunal Internacional de Justiça[39]. Trata-se de direito não vinculativo constituído, por exemplo, por atos de organizações internacionais (v. g. as recomendações da Assembleia Geral das Nações Unidas) e acordos não vinculativos celebrados entre Estados (v.g. a Ata Final da Conferência de Helsínquia para a Segurança e a Cooperação na Europa).

---

[39] Daniel Thürer, "Soft Law", *Max Planck Encyclopedia of Public International Law*, Oxford Public International Law (http://opil.ouplaw.com), 2009, para. 5.

2.3. Dossier

A equipa deverá preparar um dossier com todos os documentos relevantes relacionados com o moot court. Para além do caso e do regulamento, o dossier deve incluir os elementos convencionais, bibliográficos e jurisprudenciais utilizados nas alegações. Estes elementos podem ser organizados em secções temáticas, relacionadas com as questões jurídicas discutidas no caso, ou por tipo de fonte, agrupando-se e arquivando-se cronologicamente os textos convencionais, bibliográficos e jurisprudenciais.

O dossier deve acompanhar a equipa até ao dia da audiência de julgamento. Nas simulações é muito importante ter o dossier para a eventualidade de ser necessário consultar ou citar uma passagem do caso, uma convenção ou um texto doutrinal ou jurisprudencial. A utilização de separadores e marcadores (*post-its*) é aconselhável para permitir a consulta rápida dos elementos factuais, normativos, doutrinais ou jurisprudenciais relevantes para a discussão.

3. Redigir as alegações escritas

3.1. *Estrutura*

As alegações escritas constituem a única oportunidade que as partes vão ter durante a competição para apresentar todos os seus argumentos. Trata-se de um desafio exigente, que vai requerer bastante tempo e paciência, pois é necessário fundamentar cada argumento com base nos factos e no direito aplicável. Alguns destes argumentos vão depois ser utilizados na fase da simulação da audiência de julgamento, pelo que a preparação das alegações escritas constitui um momento crucial para a obtenção de bons resultados em moot courts. Em algumas competições, a pontuação das alegações escritas chega a representar 50% da classificação final.

As alegações escritas devem respeitar escrupulosamente as diretrizes estabelecidas no regulamento do moot court. O regulamento irá especificar o número de páginas máximo que as alegações podem ter, a sua estrutura, o modo de citação, etc. Qualquer desconformidade com estas regras fará a equipa perder pontos.

No sítio da internet do moot court é comum encontrar as alegações escritas que foram consideradas as melhores em edições anteriores da competição. A sua consulta dará à equipa uma ideia mais precisa do que é necessário fazer.

Uma vez que o Moot Court Português de Direito Internacional não inclui uma fase escrita, apresenta-se em seguida uma estrutura para as alegações escritas inspirada em moot courts de direito internacional público.

a. Capa

As alegações devem ser identificadas com a referência à parte no litígio [Estado A (Demandante) ou Estado B (Demandado)], a referência numérica ou alfabética que foi atribuída à equipa (se atribuída), a identificação dos estudantes (salvo se o moot court não exigir anonimato) e o nome e o logótipo da faculdade (salvo se o moot court não exigir anonimato) (v. Anexo V).

b. Índice

Logo a seguir à capa, e em página impar, deve surgir um índice que contenha as secções e subsecções em que está dividida a peça processual com a indicação da página em que se iniciam.

c. Lista de Fontes

As fontes utilizadas devem ser elencadas numa secção específica das alegações. Este é o local para fazer uma citação completa da convenção, artigo ou decisão judicial que vai surgir citado nas alegações de forma abreviada no corpo do texto ou em nota de rodapé:

BIBLIOGRAFIA

Monografias: Ribeiro e Coutinho, 2016: 12 (citação abreviada a incluir no corpo do texto entre parêntesis); Manuel de Almeida Ribeiro e Francisco Pereira Coutinho, *Jurisprudência Resumida do Tribunal Internacional de Justiça*, Dom Quixote, 2016 (citação completa a incluir na listagem de fontes).
Capítulos de livros: Coutinho, 2015: 64; Francisco Pereira Coutinho, "A legitimidade do Conselho de Segurança", Susana Vaz Patto, João Madureira e Mateus Kowalski (Coord.), *A Participação de Portugal no Conselho de Segurança*, Instituto Diplomático, 2015, pp. 53-66.
Artigos de revista: Coutinho e Gala, 2015: 435; Francisco Pereira Coutinho e Francisco Briosa e Gala, "David and Goliath Revisited: A Tale About the Timor Leste/Australia Timor Sea Agreements", *Texas Journal of Oil, Gas and Energy Law*, 10, 2, 2015, pp. 429-462.

> **CONVENÇÕES INTERNACIONAIS**
> Carta das Nações Unidas (citação abreviada); Carta das Nações Unidas (26 de junho de 1945) 3 *Bevans* 1153, entrou em vigor a 24 de outubro (citação completa a incluir na listagem de fontes).
> Convenção contra a Tortura; Convenção contra a Tortura e Outras Penas ou Tratamentos Cruéis, Desumanos ou Degradantes (10 de dezembro de 1984) 1465 UNTS 85, alterada por 24 ILM 535 (1985), entrou em vigor em 26 de Junho de 1987.
> Convenção Europeia dos Direitos Humanos; Convenção para a Protecção dos Direitos Humanos e das Liberdades Fundamentais (4 de Novembro de 1950) 213 UNTS 222, entrou em vigor a 3 de setembro de 1953.

Este modo de referenciação é meramente exemplificativo. O regulamento pode exigir o cumprimento de outras formas de citação. Se não o fizer, o sistema de referenciação adotado pela equipa nas alegações deve permitir a identificação completa das fontes e manter-se inalterado ao longo do texto.

d. Lista de abreviaturas, siglas e acrónimos

As abreviaturas, siglas e acrónimos utilizadas no texto e a respetiva explicação devem ser elencados numa secção das alegações. A título meramente exemplificativo, estas são algumas das abreviaturas, siglas e acrónimos mais frequentes:

> **Abreviaturas:** Al. – Alínea; Art. – Artigo; C. – contra; P. – página; n.º – número.
>
> **Siglas e acrónimos:** CNU – Carta das Nações Unidas; CVDTE – Convenção de Viena sobre o Direito dos Tratados entre Estados; TIJ – Tribunal Internacional de Justiça; OMC – Organização Mundial do Comércio; OTAN – Organização do Tratado do Atlântico Norte; UE – União Europeia.

e. Enquadramento factual

Aproximadamente numa página devem ser expostos os factos mais relevantes para o caso em discussão. Esta é a primeira oportunidade para persuadir o tribunal da bondade da posição jurídica que vai ser apresentada na secção relativa ao mérito. Apesar de não ser admissível alterar ou distorcer os factos do caso, pode ser feita uma descrição dos mesmos o mais favorável possível para os interesses da parte que se está defender. Veja-se os seguintes exemplos:

> 3. A 1 de abril de 2011, a ÍSTINIA anunciou a implementação de um **plano arbitrário** de nacionalizações de empresas da BITRÓNIA. No dia seguinte, a BITRÓNIA foi **forçada** a responder a esta **violação do direito internacional** decretando a **proibição** de importações de produtos originários da ISTÍNIA.
>
> 3. Não obstante a BITRÓNIA e a ÍSTINIA serem dois Estados-Membros da Organização Mundial do Comércio, a 2 de abril de 2011, a BITRÓNIA decidiu **decretar unilateralmente, por tempo indeterminado**, um **embargo geral** à importação de qualquer produto originário da ISTÍNIA.

Os dois parágrafos dizem respeito aos mesmos factos. Contam a mesma história enfatizando determinados comportamentos da parte contrária que se reputam contrários ao direito internacional e, ao mesmo tempo, procuram justificar a licitude das ações da parte que se está a defender. O objetivo é levar o juiz a partir com uma pré-disposição favorável para a leitura do argumento que irá ser apresentado na secção das alegações relativa ao mérito.

No primeiro exemplo, o adjetivo "arbitrário" qualifica negativamente o plano de nacionalização da Bitrónia e legitima uma "resposta" descrita como "forçada" a uma "violação do direito internacional". A violação de normas de direito internacional, como se desenvolverá nas alegações, constitui condição para a aplicação de contramedidas que afastam a ilicitude do embargo, que aparece descrito mais suavemente como uma "proibição".

No segundo exemplo, nada é dito sobre o plano de nacionalizações, optando-se por focar as obrigações dos Estados no âmbito da Organização Mundial do Comércio, que teriam sido violadas pela Bitrónia através do anúncio de um "embargo", "unilateral" e "por tempo indeterminado".

Nesta secção das alegações deve procurar-se fazer, sempre que possível, um enquadramento factual do caso que permita mais à frente uma subsunção direta às normas de direito internacional que sejam favoráveis à pretensão da parte que se está a defender.

f. Sumário

O sumário deve incluir uma breve síntese – de, aproximadamente, uma página – das principais alegações jurídicas de defesa da parte. Esta secção deve ser elaborada apenas após a conclusão das alegações. A forma mais fácil de o fazer é reutilizando os títulos, subtítulos e restantes divisões que foram escolhidos para descrever cada uma das alegações principais. Veja-se o seguinte exemplo:

> III. A BITRÓNIA NÃO PODE RETIRAR-SE DO TRATADO DA UNIÃO ATLÂNTICA
> O Tratado da União Atlântica não prevê a possibilidade de recesso unilateral por um Estado-Membro. Acresce que o caráter multilateral do Tratado da União Atlântica impede o recesso unilateral de um Estado-Membro. Por último, da natureza do Tratado da União Atlântica ou da intenção das partes contratantes não se pode inferir qualquer direito de recesso unilateral que possa ser invocado pela BITRÓNIA.

Apenas é necessário fazer referência aos principais argumentos que sustentam a alegação. Pormenores de natureza técnica devem apenas ser discutidos na secção de mérito.

g. Competência

De uma forma clara e necessariamente breve, deve referir-se se o tribunal tem competência para julgar o caso. Se esta não for uma questão controvertida, basta mencionar-se em algumas linhas que o tribunal é competente com base nas normas jurídicas aplicáveis[40].

---

[40] No caso do Tribunal Internacional de Justiça, a disposição relevante é o art. 36.º do Estatuto.

h. Mérito

Esta secção será a mais extensa e importante das alegações escritas. É aqui que os argumentos são apresentados, explicados e fundamentados. A dimensão máxima da secção de mérito é definida no regulamento da competição[41].

O primeiro passo para a elaboração de alegações escritas claras e persuasivas, que incutam no leitor a convicção de que a solução defendida é a única possível ou a mais acertada, é o da definição do respetivo esqueleto. Este deve incluir as alegações principais, que devem intitular cada secção principal, e a respetiva decomposição em secções menores. O esqueleto tem como objetivo permitir ao leitor navegar facilmente entre as diferentes alegações de defesa da parte.

No caso do Moot Court Português de Direito Internacional de 2011, as alegações principais podiam ser facilmente inferidas a partir dos pedidos feitos pelas partes, cabendo depois às equipas proceder à sua decomposição de acordo com a estratégia de defesa adotada. Em seguida apresenta-se uma hipótese de estruturação parcial de uma das alegações apresentadas pela Istínia:

---

[41] Por exemplo, no European Law Moot Court Competition a secção relativa ao mérito não pode exceder as quinze páginas: http://www.europeanlawmootcourt.eu/sites/default/files/ELMC%20Rules%202016.pdf.

I. A dívida pública da BITRÓNIA contraída antes da reintrodução do florim bitrónico deve ser calculada pelo seu valor real, a apurar através do valor médio de um cabaz de moedas fortes;

II. O valor das indemnizações resultante do plano de nacionalizações decretado pela BITRÓNIA deve ser apurado com base em critérios objetivos;

III. A BITRÓNIA não pode retirar-se do Tratado da União Atlântica;

IV. O embargo a importações de bens oriundos da BITRÓNIA e o confisco de bens de nacionais deste Estado não violam os tratados da União Atlântica e os Acordos criadores da Organização Mundial do Comércio.

III. A BITRÓNIA não pode retirar-se unilateralmente do Tratado da União Atlântica

    A. O Tratado da União Atlântica não prevê a possibilidade de recesso unilateral por um Estado-Membro

    B. O caráter multilateral do Tratado da União Atlântica impede o recesso unilateral de um Estado-Membro

    C. Da natureza do Tratado da União Atlântica ou da intenção das partes contratantes não se pode inferir qualquer direito de recesso unilateral

> C. Da natureza do Tratado da União Atlântica ou da intenção das partes contratantes não se pode inferir qualquer direito de recesso unilateral
> **1. A BITRÓNIA tem o ónus da prova da existência de um direito de saída unilateral do Tratado da União Atlântica baseado nas al. a) e b) do art. 56.º CVDTE**
> 2. A não previsão expressa de uma cláusula de recesso no Tratado foi intencional, refletindo o comprometimento dos Estados-Membros com a irreversibilidade do processo de unificação atlântico, o qual é incompatível com o reconhecimento de um direito de secessão unilateral
> 3. A BRITRÓNIA não notificou os outros Estados-Membros da União Atlântica da sua decisão de se retirar do Tratado da União Atlântica com a antecedência mínima de 12 meses

Este esqueleto constitui apenas uma hipótese de trabalho. O esqueleto inicial das alegações vai muito provavelmente estar em constante mutação ao longo do processo de investigação e redação. Por exemplo, alterações ao esqueleto devem ser introduzidas se a equipa decidir adotar uma nova estratégia, na sequência da descoberta de uma nova fonte que exija a eliminação, alteração ou a inclusão de um novo argumento.

i. Pedido

As alegações devem terminar com um ou mais pedidos ao tribunal: uma proibição, uma condenação, uma indemnização, etc. Cada alegação principal deve redundar num pedido específico. Frequentemente, os pedidos deduzidos pelas partes encontram-se descritos no texto do caso. Nestas situações, não é recomendável a introdução de alterações na sequência que consta do caso. Muito provavelmente a ordem dos pedidos feita pelo autor do caso não foi aleatória, pelo que será arriscado não a respeitar. Esta recomendação vale tanto para a redação das alegações escritas como para a apresentação das alegações orais.

3.2. Como redigir uma alegação

I. Os estudantes devem sempre partir do princípio de que quem vai avaliar as suas alegações não está familiarizado com aspetos específicos dos regimes jurídicos aplicáveis e com a sua ligação aos factos do caso. Cada argumento deve assim ser exposto da forma mais clara e sintética possível. As alegações devem também ser fundamentadas com o auxílio de fontes normativas, doutrinais e jurisprudenciais.

As alegações devem obedecer a uma certa formalidade e seriedade, refletidas numa sintaxe cuidada, no respeito pelas regras gramaticais e na escolha de palavras adequadas. Cada nova secção ou subsecção deve incluir pelo menos um parágrafo explicativo que pode ser iniciado com recurso a formulações diversas:

> III. A BITRÓNIA não pode retirar-se unilateralmente do Tratado da União Atlântica
> Em nenhuma circunstância pode ser reconhecido aos Estados-Membros da União Atlântica o exercício discricionário de um direito de recesso do Tratado da União.
> *OU*
> A ÍSTINIA considera que, em nenhuma circunstância, pode ser reconhecido aos Estados-Membros da União Atlântica o exercício discricionário de um direito de recesso do Tratado da União.

Deve ser dada sempre primazia a redações originais e evitar-se o recurso permanente a transcrições doutrinais e jurisprudenciais. É preferível explicar um argumento jurídico por palavras próprias e depois confirmá-lo com uma referência jurisprudencial ou doutrinária. É importante fundamentar as conclusões alcançadas e não meramente copiar longas citações convencionais ou jurisprudenciais sem explicar a sua aplicação ao caso concreto. Qualquer forma de plágio é proibida, pelo que uma devida indicação das fontes é obrigatória.

Será seguramente útil pedir a colegas e amigos a leitura crítica das alegações escritas quando estas já estiverem numa fase final de concretização. Uma boa peça processual deve ser de fácil leitura mesmo para quem não tenha estudado as questões em discussão. As revisões vão ser frequentes e elementos exteriores à equipa podem contribuir com opiniões valiosas para a melhoria da qualidade das alegações.

II. A utilização dos métodos ARAC – Assunto, Regra, Análise e Conclusão[42] – ou CREAC – Conclusão, Regra, Explicação, Aplicação e Conclusão[43] – são técnicas aconselhadas para a redação de alegações persuasivas. Em seguida apresenta-se uma alegação elaborada de acordo com o método CREAC.

> i. A BITRÓNIA tem o ónus da prova da existência de um direito de saída unilateral do Tratado da União Atlântica baseado nas al. a) e b) do art. 56.º CVDTE
> 34. O recesso unilateral de convenções internacionais que não prevejam tal possibilidade é contrária ao princípio *pacta sunt servanda* (Harfoff, 1983: p. 28), pelo que cabe à parte que o invoca provar o preenchimento das exceções que reconhecem tal direito previstas no direito internacional costumeiro e codificadas na CVDTE. O art. 26.º da CVDTE refere que "todo o tratado em vigor vincula as partes e deve ser por elas cumprido de boa fé". Por sua vez, o art. 54.º CVTDE dispõe que "a cessação de vigência de um tratado ou a retirada de uma parte podem ter lugar: a) os termos previstos no tratado; ou b) em qualquer momento, por consentimento de todas as partes, após consultados ou outros Estados contratantes". Por último, o art. 56.º CVTDE estabelece a regra que "um tratado que não contenha disposições relativas à cessação da sua vigência e não preveja que as partes possam denunciá-lo ou dele retirar-se não poder ser objeto de denúncia ou retirada, salvo: a) se estiver estabelecido que as partes admitiram a possibilidade de denúncia ou de retirada: ou b) se o direito de denúncia ou de retirada puder ser

---

[42] Adaptado a partir do acrónimo inglês IRAC: *Issue, Rule Analysis and Conclusion*.

[43] Adaptado a partir do inglês *Conclusion, Rule, Explanation, Analysis and Conclusion*.

> deduzido da natureza do tratado". O regime-regra estabelecido no proémio do art. 56.º da CVTDE constitui assim um corolário do princípio *pacta sunt servanda*, que determina que, na falta de cláusula que permita expressamente aos Estados a retirada de uma convenção, não pode ser reconhecido um direito de saída unilateral dessa convenção. As als. a) e b) do art. 56.º CVTDE configuram, portanto, exceções ao regime-regra cuja existência deve ser invocada e comprovada pela parte que pretenda retirar-se unilateralmente de determinada convenção internacional (Aust, 2006: 4).
>
> 35. A BITRÓNIA fundamentou a retirada da União Atlântica exclusivamente numa violação material pela Ístinia de disposições dos tratados que regem esta organização internacional (para. 9 do caso). Em nenhum momento articulou fundamentos que pudessem basear um direito de recesso baseado nas als. a) e b) do art. 56.º CVDTE descritas no parágrafo anterior. Por esta razão, não lhe pode ser reconhecido qualquer direito de recesso unilateral baseado nestas duas exceções à aplicação do princípio *pacta sunt servanda*.

A alegação deve iniciar-se com a **conclusão**. Começar pela conclusão pode parecer contraintuitivo, mas permite dar ao leitor uma ideia imediata daquilo que se pretende, além de o situar imediatamente no encadeamento argumentativo das alegações. Em seguida devem ser enunciadas as **regras** (normas) mais relevantes que fundamentam o argumento e **explicados** os seus efeitos com recurso a fontes bibliográficas e jurisprudenciais recolhidas durante a pesquisa. Em parágrafo(s) autónomo(s) deve ser feita a **aplicação** das normas aos factos do caso, explicando-se por que razão os factos fundamentam o argumento que se está a pretender demonstrar. Será este o momento para discutir a coincidência ou dissonância do caso com a factualidade que deu origem a decisões judiciais que se debruçaram sobre a interpretação das normas aplicáveis. A **conclusão** deve ser reiterada sinteticamente numa ou duas frases no final da alegação.

III. Ao longo das alegações pode ser necessário apresentar argumentos de cariz subsidiário. Veja-se o seguinte exemplo:

> 12. Para a ISTÍNIA o valor das empresas nacionalizadas – a admitir-se tal processo – nunca poderia ser apurado por uma agência governamental da BITRÓNIA, mas sim pelos órgãos jurisdicionais da União Atlântica, através de um mecanismo semelhante ao da ação por incumprimento previsto no direito da União Europeia.

A Istínia deseja convencer o tribunal de que o valor das empresas nacionalizadas nunca deveria ter sido calculado pela Bitrónia, mas, ao mesmo tempo, não quer abdicar da sua anterior alegação de que as nacionalizações nem sequer eram admissíveis ao abrigo do direito da União Atlântica! A advertência incluída entre os travessões permite relembrar ao leitor a natureza subsidiária do argumento.

4. Alegações orais

4.1. O que esperar

As alegações orais são o culminar de meses de trabalho intenso. É neste momento que os participantes podem finalmente apresentar os seus argumentos perante um painel constituído geralmente por três juízes.

No Moot Court Português de Direito Internacional as simulações têm lugar durante um dia em diferentes salas do Tribunal da Relação de Lisboa. Olhando para o exemplo de programa descrito no Anexo VI, dois estudantes da equipa da Escola de Direito da Universidade do Minho (EDM) começam o dia às 9h a defender o Estado demandante (ISTÍNIA) contra dois estudantes da equipa do Instituto Superior de Ciências Socias e Políticas da Universidade de Lisboa (ISCSP), a quem caberá defender o Estado demandado (BITRÓNIA). Os mesmo estudantes litigam às 11h e 15m, desta vez encontrando pela frente colegas da Faculdade de Direito da Universidade do Porto (FDUP). Os outros dois estudantes que fazem parte da equipa da EDM defendem o Estado demandado (BITRÓNIA) às 10h e às 12h e 15m, enfrentando, respetivamente, representantes das equipas da Faculdade de Direito da Universidade de Coimbra (FDUC) e da FDUP. Caso a sua equipa esteja entre as quatro melhores das eliminatórias, dois estudantes da EDM são chamados a defender uma das partes na semifinal[44]. Se vencerem, os outros dois membros

---

[44] Caso a equipa da EDM tenha ficado em primeiro nas eliminatórias tem o direito de escolher se pretende defender o Estado deman-

da equipa defendem a outra parte na final[45]. O nome da equipa vencedora – e do melhor orador da competição – é anunciado mais tarde em cerimónia organizada nos escritórios do patrocinador principal da competição (VdA Advogados).

4.2. Preparação

4.2.1. Reorganizar a equipa

Depois de terminadas as alegações escritas, a equipa deve decidir o papel de cada elemento na audiência de julgamento. As sessões apresentam a seguinte sequência:

1. Intervenção inicial do demandante;
2. Intervenção inicial do demandado;
3. Réplica;
4. Tréplica.

A equipa deve ser reorganizada, devendo dois estudantes ficar exclusivamente responsáveis pela preparação e apresentação das alegações de uma das partes.

---

dante ou o Estado demandado na semifinal (Art. 13.º, n.º 2, do Regulamento).

[45] A subequipa que litigou na semifinal pode ser chamada a repetir a experiência na final se a outra semifinal for vencida por equipa que tenha representado a mesma parte no litígio. Nesse caso haverá um sorteio – em regra por moeda ao ar – para decidir quem terá o direito a escolher a parte que irá defender na final (art. 13.º, n.º 4, do Regulamento).

Cada um destes estudantes deve depois concentrar-se na preparação da parte das alegações que elaborou na fase escrita do moot court. A decisão sobre quem é responsável por fazer a réplica/tréplica deve ser tomada durante as simulações, pois estará dependente daquilo que for dito pelo outro lado.

4.2.2. *Dividir o tempo*

O controlo do tempo é crucial. No Moot Court Português de Direito Internacional cada equipa dispõe de 23 minutos para apresentar as suas alegações, incluído a réplica/tréplica, a qual não pode ter mais do que três minutos. A contagem do tempo é corrida, não se interrompendo com as perguntas dos juízes. Cada membro da equipa dispõe de um tempo máximo de intervenção de quinze minutos[46].

A equipa é responsável pela divisão do tempo. A distribuição do tempo deve ter em consideração a complexidade das alegações de cada um dos membros da equipa e tem de ser anunciada ao tribunal no início de cada intervenção inicial. Dados os constrangimentos regulamentares, a intervenção inicial de cada um dos membros da equipa deve oscilar entre os oito e os doze minutos, ao passo que réplica/tréplica deve ocupar entre dois e três minutos:

---

[46] Art. 10.º do Regulamento.

- Intervenção inicial: 12 + 8 — Réplica: 3
- Intervenção inicial: 10 + 10 — Réplica: 3
- Intervenção inicial: 11 + 10 — Tréplica: 2

4.2.3. *Elaborar um* roadmap

O conteúdo das alegações orais é necessariamente distinto do que consta das alegações escritas. Em primeiro lugar, a equipa não está limitada por nada do que escreveu anteriormente. É, aliás, muito comum que as equipas, no período que medeia entre a entrega das alegações escritas e a audiência de julgamento, alterem a sua estratégia de defesa. Em segundo lugar, as limitações de tempo regulamentares exigem muito critério na escolha dos argumentos e na forma de apresentar oralmente as alegações.

O texto das alegações escritas não deve sequer ser levado para a audiência de julgamento. Assim se evitará a tentação de o ler. O moot court é também um exercício de oratória que não é compatível com a simples leitura ou recitação de textos. O estudante que se limitar a ler terá seguramente uma pontuação muito fraca e perderá uma boa oportunidade para desenvolver as suas capacidades oratórias.

A "rede de segurança" para alegações orais articuladas deve ser a elaboração de um *roadmap* ("guia"). Numa página devem ser indicados esquemática e sequencialmente as principais alegações, indicando-se ainda as fontes mais relevantes que lhes servem de fundamentação (ver Anexo VII). O *roadmap* deve ser o único elemento escrito que o estudante deve levar para o púlpito ou ter visível na mesa. Deve estar pousado em lugar bem visível de forma a permitir uma consulta fácil e rápida sempre que necessário.

4.2.4. *Simular a audiência final*

Depois de concluído o *roadmap* é preciso testá-lo nas semanas que antecedem a competição através da realização de simulações da audiência de julgamento. As simulações devem tentar reproduzir fielmente o ambiente da competição, o que implica fazer a cronometragem do tempo e incluir perguntas dos juízes. As perguntas podem ser feitas por elementos da equipa ou, preferencialmente, por treinadores, professores ou outros especialistas.

Nesta fase de preparação do moot court é muito importante obter *feedback* externo, pelo que pode ser uma boa ideia pedir a colegas, familiares ou amigos para assistirem às simulações. Se estes não perceberam absolutamente nada é porque, muito provavelmente, as alegações têm de ser alteradas.

A filmagem e posterior visionamento das simulações é também muito útil, especialmente para detetar tiques verbais e para corrigir a postura corporal dos estudantes.

O número de simulações de preparação depende da evolução dos estudantes. Esta é a altura para testarem a força dos argumentos e o conhecimento dos factos do caso, para se ambientarem a alegar em público e até para se habituarem a usar roupa mais formal. Será necessário continuar a preparar as alegações até que os estudantes sejam capazes de as apresentar de forma natural e fluente.

4.3. Como apresentar as alegações

Defender uma parte num litígio em oito a doze minutos constitui um grande desafio, especialmente porque não se saberá antecipadamente o número e o grau de dificuldade das perguntas que quase de certeza vão ser feitas pelo tribunal. Em todo o caso, muito do que se irá dizer durante um moot court pode ser preparado previamente.

Em seguida são decompostas e explicadas as várias fases em que se dividem as alegações numa sessão de julgamento de um moot court.

i. Saudação

O primeiro membro da equipa a intervir deve saudar os juízes e a parte contrária, apresentar-se a si próprio e ao seu colega, referir quem representa na ação e indicar a distribuição de tempo que a equipa escolheu para a audiência:

> *Bom (dia/tarde/noite): Excelências, caros colegas, o meu nome é André Lopes e, juntamente com o meu colega João Silva, tenho a honra de estar aqui hoje em representação do Estado da Bitrónia. Com a permissão do tribunal anuncio que reservamos vinte minutos para a nossa intervenção inicial – doze minutos para mim e oito para o meu colega – e três minutos para a réplica.*

ii. Enquadramento

Depois da apresentação é altura de se fazer um enquadramento das alegações:

> *Excelências, estamos aqui hoje porque a Istínia decidiu fazer justiça com as próprias mãos, causando danos humanos e materiais sem precedentes num país pobre e pacífico.*

> *Excelências, hoje têm a oportunidade histórica de reafirmar os princípios e valores fundamentais do direito internacional, que foram colocados em causa, de forma sistemática, pelas ações unilaterais da Bitrónia.*

Este é o primeiro momento para criar um impacto decisivo junto do tribunal, imputando-se expressa ou implicitamente uma violação grave do direito internacional à parte contrária. A(s) frase(s) de enquadramento das alegações devem ser ensaiadas mas ditas de forma natural e confiante. O tema objeto da(s) frase(s) deve depois funcionar como *leitmotiv* a que se recorre frequentemente ao longo das alegações.

iii. Roadmap

Logo a seguir ao enquadramento deve apresentar-se o *roadmap* das alegações, explicando-se quem dentro da equipa será responsável pela apresentação de cada alegação principal:

> *As nossas alegações dividem-se quatro partes. Nas duas primeiras, da minha responsabilidade, demonstraremos que a dívida pública da Bitrónia deve ser calculada com base no valor médio de um cabaz de moedas fortes e que o valor das empresas da Istínia nacionalizadas pela Bitrónia deve ser calculado com base em critérios objetivos. Nas duas últimas, apresentadas pelo meu colega, provaremos a licitude da proibição de importação de bens oriundos da Bitrónia e do arresto dos bens dos seus nacionais, bem como a ilicitude do recesso unilateral da Bitrónia da União Atlântica.*

É muito importante que o tribunal perceba bem a sistematização das alegações, pelo que se recomenda que o *roadmap* seja explicado de forma clara e pausada. Essa sistematização deve ser bem ponderada pela equipa, sendo prudente seguir a sequência dos pedidos apresentada no caso. A alegação de questões processuais de competência ou ilegitimidade tem naturalmente precedência sobre qualquer questão substantiva.

iv. Argumentação

I. Esta é a parte mais importante das alegações orais. Os juízes querem ouvir argumentos de direito originais e bem fundamentados. Por esta razão, apenas devem ser feitas as explicações factuais que sirvam de enquadramento para a apresentação de uma alegação. Veja-se o seguinte exemplo:

> *Excelências, a Bitrónia declarou unilateralmente que a sua dívida iria ser denominada na sua nova moeda nacional, que, para sua grande conveniência, desvalorizou em mais de 90% passados apenas 3 meses.*

II. Não será possível utilizar todos os argumentos jurídicos incluídos nas alegações escritas. O tempo não permitirá utilizar mais do que um ou dois argumentos para fundamentar cada alegação. Devem assim ser escolhidos aqueles que são mais fortes. Por outras palavras, aqueles que mais dificilmente podem ser contrariados. Cada argumento deve estar baseado nos factos do caso e no direito aplicável. Referências doutrinais e, especialmente, jurisprudenciais são sempre muito importantes para demonstrar a solidez do argumento.

A citação de jurisprudência deve preferencialmente ser feita através do nome pelo qual o processo é mais conhecido:

> *Excelências, este mesmo Tribunal decidiu neste mesmo sentido no processo Nottebohm [Nottebohm, Acórdão (Mérito), para. 23]. Pelas razões acima descritas, neste caso o Tribunal deve manter a mesma linha de raciocínio.*

> *Excelências, o Tribunal Internacional de Justiça declarou no acórdão Notebohm que a concessão da nacionalidade apenas é internacionalmente reconhecida caso exista uma "conexão genuína" entre o indivíduo e o Estado que concede a nacionalidade [Nottebohm, Acórdão (Mérito), para. 23]. A nosso ver, esta conexão não existe no caso em apreço.*

Como se infere claramente do segundo exemplo, o conhecimento dos factos subjacentes à decisão de direito do tribunal é muito importante. Caso se pretenda que o tribunal repita a aplicação de uma norma feita noutro processo, é necessário explicar como é que os factos no processo em apreço são semelhantes e exigem um resultado hermenêutico idêntico. Se, pelo contrário, se pretender que o tribunal se afaste da aplicação de uma norma feita noutro processo, impõe-se explicar que os factos do litígio se afastam daqueles que deram origem à anterior decisão de tal forma que seria errado aplicar a mesma *ratio decidendi*.

III. A transição entre alegações pode ser difícil. A transição entre a explicação do *roadmap* e a primeira alegação pode ser feita como uma referência factual ou com uma simples frase:

> *Entrando então na primeira questão relativa ao valor de cálculo da dívida pública da Bitrónia (...)*

Na ausência de perguntas dos juízes, a transição para outra alegação segue-se à apresentação da conclusão da alegação anterior, bastando para o efeito fazer a seguinte referência:

> *Excelências, se não têm mais questões em relação a este ponto das alegações passarei em seguida a discutir a questão do cálculo do valor das indemnizações a pagar às empresas da Istínia.*

A transição entre alegações pode ser problemática se os juízes estiverem a fazer muitas perguntas. O tempo passa a voar e se as perguntas continuarem não haverá possibilidade de fundamentar convenientemente nova alegação. Uma forma elegante de ultrapassar este problema é utilizar uma pergunta do júri:

> *Excelência, muito obrigado pela questão, cuja resposta me permitirá partir para a discussão do cálculo do valor das indemnizações a pagar às empresas da Istínia*

Se não for possível fazer a transição numa resposta a uma pergunta do júri, outra forma de iniciar nova alegação consiste em aproveitar a amostragem do cartão de tempo de cinco minutos ou, na pior das hipóteses, de dois minutos para dizer ao tribunal que se está a ficar sem tempo e que, por isso, se pede autorização para passar imediatamente para outra alegação.

IV. Os estudantes que tiverem por missão defender o Estado demandado devem sempre responder às alegações que acabaram de ouvir. Têm, por isso, tarefa mais difícil, dado ser muitas vezes difícil antecipar qual a estratégia seguida pela outra parte. O seu *roadmap* da audiência de julgamento deve assim apresentar alguma flexibilidade, incluindo argumentos que serão utilizados apenas em determinadas situações.

v. Conclusão

Para terminar as alegações resta fazer uma conclusão breve em que se repetem as alegações principais e se pede ao tribunal que decida num determinado sentido:

> *Excelências, dado que o meu tempo (terminou/está a terminar), gostaria de muito brevemente concluir. É nossa firme convicção que a proibição de importações de bens da Bitrónia e o arresto dos bens de nacionais da bitrónia decretado pela Istínia constitui uma contramedida, cuja ilicitude é excluída pelo art. 22º dos Artigos sobre a Responsabilidade dos Estados por Factos Ilícitos. Não houve, por isso, qualquer violação dos Tratados da União Atlântica. Pedimos, por isso, a este tribunal que declare a ilicitude do recesso unilateral anunciado pela Bitrónia.*

vi. Réplica e Tréplica

A audiência de julgamento assemelha-se a um jogo de ténis de mesa. Na sequência da resposta ao serviço, a bola regressa ao campo do demandante que tem uma última oportunidade de vencer a partida através da réplica, em que vai poder responder de forma sucinta às alegações que acabaram de ser expostas. À luz do princípio do contraditório, o demandado tem a última palavra na tréplica para responder ao que acaba de ouvir na réplica.

A réplica não deve ser utilizada para apresentar novas alegações ou mesmo para repetir ou completar aquilo que já se disse nas alegações iniciais. Este é o momento para tentar contrariar duas, ou no máximo, três questões suscitadas nas alegações iniciais do demandado. A tréplica deve, por sua vez, servir apenas para responder a uma das questões suscitadas na réplica. Trata-se assim de um exercício que exige que os estudantes tenham prestado a máxima atenção às alegações da outra parte.

Réplica e tréplica devem ser incisivas. A réplica não deve ter mais do que dois ou três minutos e a tréplica deve ser ainda mais curta, ocupando não mais do que um ou dois minutos. Os estudantes devem abordar diretamente o ponto para o qual querem chamar a atenção do tribunal e que consiste invariavelmente numa falha apontada à outra parte. Devem assim ver evitadas divagações teóricas ou argumentos polémicos que possam suscitar perguntas do tribunal. O surgimento de uma pergunta nesta fase prejudica a eficácia da intervenção.

4.4. Responder a perguntas

I. O moot court pretende ser um exercício dialético de discussão de argumentos jurídicos. Os estudantes que decidam participar num moot court têm, por isso, de se preparar para ser questionados pelos juízes durante a audiência de julgamento.

O número de perguntas dependerá do estilo dos juízes que formam o tribunal. Alguns juízes gostam de fazer muitas perguntas e de entrar em diálogo com os advogados (*hot benches*). Outros preferem escutar contemplativamente as alegações e, eventualmente, fazer uma ou outra pergunta no final (*cold benches*).

Os estudantes devem preparar-se para a eventualidade de encontrarem pela frente *hot* e *cold benches*. Os *hot benches* impossibilitam a apresentação do *roadmap* que tinha sido previamente preparado, mas garantem uma conversa animada sobre o caso. Em contrapartida, *cold benches* permitem alegações bem sistematizadas, mas que correm o risco de se tornarem monótonas. Caso a equipa chegue à final da competição quase de certeza que encontrará pela frente um *hot bench* que quererá muito discutir as questões jurídicas mais controversas que resultam do caso.

II. A pergunta do juiz deve ser encarada como uma oportunidade para discutir o caso. Por esta razão, o estudante deve começar por agradecer a pergunta – só precisa de o fazer uma vez em relação a cada juiz – e, em seguida, responder da melhor forma possível. Finda a resposta, e se não houver mais nenhuma outra questão[47], deve partir para a discussão do ponto das alegações em que se estava ou para um novo ponto.

As questões colocadas pelo tribunal geralmente dizem respeito a questões jurídicas que resultam dos factos do caso. Mas é importante ter em atenção que os juízes funcionam como uma espécie de "advogados do diabo". Têm como missão testar as capacidades de raciocínio jurídico dos estudantes. Em muitos casos poderão querer colocar questões hipotéticas baseadas em factos diferentes daqueles que constam do caso.

III. As perguntas feitas pelos juízes devem ser ouvidas até ao fim e respondidas em seguida de forma direta e

---

[47] Questões de *follow up* surgirão espontaneamente não sendo necessário perguntar ao tribunal se a resposta dada foi esclarecedora ou pedir autorização para prosseguir com as alegações.

sucinta. Se a pergunta o permitir, a resposta pode inclusivamente começar por "sim" ou "não".

Não se deve responder através da remissão para algo que se será dito mais à frente nas alegações. Se o tribunal pretende ouvir o advogado sobre alguma matéria este deve esquecer a sequência incluída no *roadmap* e responder de imediato à questão colocada. A única exceção a esta regra ocorre quando a pergunta diz respeito a uma matéria que será apresentada nas alegações do colega de equipa. A não ser que se tenha confiança absoluta na resposta que se vai dar, nestes casos é preferível comunicar ao tribunal que a resposta a essa questão será dada pelo colega.

4.5. *Gestão do tempo*

As alegações devem ser preparadas para serem apresentadas dentro do tempo escolhido. Tal implica descontar três ou quatro minutos para perguntas do júri. Em todo o caso, mesmo estas contas sairão furadas se pela frente se encontrar um *hot bench* particularmente ativo.

Conseguir apresentar as questões nucleares das alegações perante júris muito interventivos requer muita destreza e sangue-frio. Não se pode perder a concentração se se vê que o tempo está quase a terminar e se verifica que ainda se vai a meio das alegações. Tal pode acontecer porque o júri está satisfeito com as respostas que têm sido dadas e, por isso, está muito entretido a fazer perguntas hipotéticas.

Logo que o oficial de justiça levantar o cartão STOP, o estudante deve imediatamente parar o seu discurso e requerer ao presidente do tribunal tempo adicional nos seguintes termos:

> *Senhor Presidente, verifico que fiquei sem tempo, poderia atribuir-me uma extensão de (um/dois) minutos?*

> *Senhor Presidente, verifico que fiquei sem tempo, dá-me autorização para concluir as minhas alegações?*

O tempo extra que seja concedido pelo presidente do tribunal não pode ser gasto com uma nova alegação. Deve ser utilizado para finalizar o argumento que estava a ser apresentado e para fazer a conclusão das alegações.

4.6. *Erros comuns*

Ao contrário do que se passa na vida real, os juízes do moot court não se vão pronunciar sobre o mérito da causa, mas apenas avaliar os conhecimentos e as capacidades de advocacia dos estudantes. Por esta razão, tão importante como demonstrar conhecimentos é conseguir apresentá-los de uma forma persuasiva.

As simulações são o momento da verdade e todos os detalhes podem fazer a diferença. Em seguida apresentam-se alguns erros que os estudantes devem evitar cometer durante as audiências de julgamento.

i. Ler ou recitar as alegações escritas

I. Em nenhuma circunstância devem as alegações orais consistir na simples leitura ou recitação das alegações escritas. Para evitar tentações, estas não devem sequer ser trazidas para a audiência. Como guia para a apresentação deve ser preparado um *roadmap*. O próprio dossier deve ser aberto apenas em caso de necessidade.

O estudante deve ter como objetivo fazer parecer que está a ter uma simples conversa com o tribunal. Por esta razão, não se deve limitar a recitar um discurso previamente decorado. Ainda que parte das alegações possam – e devam – ser previamente ensaiadas, deve partir-se para a audiência com a expetativa de discutir o caso de acordo com as preferências dos juízes. A flexibilidade argumentativa dos estudantes é sempre muito valorizada, especialmente em fases mais adiantadas da competição (semifinais ou final).

II. A quase ausência de papéis permitirá também cumprir uma outra regra fudamental dos moot courts: o contacto visual permanente com os juízes. Durante as alegações iniciais, deve procurar-se captar a atenção dos juízes olhando diretamente para cada um deles. Sempre que for feita uma pergunta, a resposta deve ser dada olhos-nos-olhos. Este é o momento para afastar de vez qualquer timidez que se tenha trazido para a sala de audiências.

ii. Interromper um juiz

Numa sala de audiência de um moot court, os juízes são uma espécie de deuses que vivem no Olimpo. Devem, por isso, ser tratados com a máxima deferência através de vocábulos como "excelência" ou "meritíssimo". Qualquer demonstração de desagrado com uma determinada questão deve ser evitada a todo o custo. Interromper um juiz a meio de uma pergunta será um erro de principiante que não passará despercebido nas pontuações.

A natureza divina dos magistrados não deve impedir que, sempre que necessário, se afirme a discordância com alguma questão específica levantada por um juiz. Tal deve ser feito de forma muito cordata da seguinte forma:

> Excelência, muito obrigado pela sua questão; gostava, se me permite, de chamar a atenção do tribunal para o seguinte: (...)

Esta formalidade no tratamento dos juízes não deve ser confundida com subserviência. Deve respeitar-se sempre a opinião dos juízes e, ao mesmo tempo, ser-se firme na defesa dos argumentos. Em alguns casos pode ser mesmo necessário chamar a atenção dos juízes para uma representação errada dos factos do caso.

Os estudantes não devem, em todo o caso, interpretar qualquer intervenção feita pelo tribunal como sendo "hostil" às suas pretensões. Muitas vezes as perguntas feitas pelos juízes destinam-se a ajuda-los a desenvolver os seus argumentos (*Softballs*) e não a desconstruir os mesmos.

iii. Falar sentado

Na maioria dos moot courts, as alegações devem ser feitas de pé junto à mesa ou junto a um púlpito que é colocado entre as mesas das equipas e em frente aos juízes.

Uma das grandes dificuldades que os estudantes vão encontrar no momento das alegações vai ser o que fazer às mãos. Em regra, estas devem permanecer sobre a mesa ou o púlpito, podendo ser utilizadas, sempre de forma sóbria, durante a exposição de um determinado argumento.

iv. Murmurar ou falar demasiado depressa

O tribunal só vai conseguir perceber e avaliar as alegações que conseguir compreender.

O tom de voz tem de ser treinado. Este deve ser forte o suficiente para poder ser ouvido sem dificuldade pelos juízes e pela parte contrária. Variações no tom de voz devem também ser utilizadas ao longo do discurso para evitar que este se torne monótono. A alteração do tom de voz permite também uma defesa mais aguerrida e, em alguns momentos, apaixonada de determinados pontos--chave das alegações.

O treino permitirá também encontrar um ritmo de apresentação eficaz. Este deve ser pausado para dar ao tribunal tempo para apreender os argumentos jurídicos alegados.

A ansiedade em que se encontram alguns estudantes durante a audiência leva a alegações demasiado lentas ou demasiado aceleradas. As primeiras são monótonas. As segundas incompreensíveis e provavelmente levarão a uma intervenção do presidente do tribunal em que se pedirá ao estudante para pausar o seu discurso.

v. Hostilizar a parte contrária

Alguns estudantes cometem o erro de pretender imitar as prestações de advogados que vêm na televisão em séries de advocacia norte-americanas, em que geralmente se digladiam de forma histriónica perante jurados que assistem de modo passivo às alegações.

O moot court é um exercício de persuasão dos juízes. É nestes que a atenção deve estar concentrada e não na parte contrária. Esta última deve ser sempre tratada com grande urbanidade e respeito, não sendo admissíveis quaisquer apreciações ou comentários desnecessariamente depreciativos sobre o mérito das suas alegações. Acresce que sempre que a outra equipa estiver a intervir, e ainda que as suas alegações sejam absurdas, é necessário manter a atenção e evitada qualquer linguagem corporal que revele qualquer sinal de desrespeito.

Uma vez finda a simulação, a equipa deve imediatamente cumprimentar o júri e os colegas que representaram a outra parte.

vi. Ignorar ou interromper as alegações do colega de equipa

As alegações orais são feitas individualmente e podem inclusivamente premiar o estudante com o prémio de melhor orador da competição. O objetivo da participação num moot court é, contudo, o de vencer coletivamente a competição. Não é, por isso, admissível que o estudante não esteja atento às alegações do seu colega de equipa. Este comportamento pode ser muito prejudicial para a equipa, pois indicia aos juízes que as alegações não foram o resultado de um esforço coletivo.

O membro da equipa que não está a alegar deve manter sempre um contacto visual com o colega e ir tomando notas que considerar pertinentes. Em nenhuma circunstância deve interromper o discurso do colega de equipa. A sua intervenção pode ser importante se, na sequência de uma pergunta feita ao seu colega que se encontra no púlpito, for necessário consultar algum elemento convencional, bibliográfico ou jurisprudencial que esteja no dossier que ficou sobre a mesa.

vii. Utilizar vestuário informal

Os moot courts procuram imitar os rituais e as formalidades que caracterizam as audiências de julgamento. A disposição da sala apresenta os juízes no centro ladeados por advogados e um púlpito colocado em frente aos juízes. A cerimónia inicia-se com uma chamada feita pelo oficial de justiça.

Neste contexto, e apesar de as becas e togas não serem obrigatórias, é necessário que os estudantes se apresentem vestidos formalmente: fato e gravata para os estudantes; vestido pelo joelho ou conjunto saia-casaco para as estudantes.

5. Financiamento

Muitos moot courts têm custos de inscrição. Este valor pode variar bastante e, normalmente, cobre apenas a participação da equipa, materiais dados pela organização e algumas refeições. A este valor fixo há que acrescentar outras despesas, como deslocações, refeições e alojamento.

Algumas competições oferecem bolsas a estudantes economicamente carenciados. É, por isso, recomendável verificar se estas opções existem caso sejam essenciais para a participação da equipa.

A solução de financiamento mais comum consiste em pedir auxílio à faculdade em que a equipa está inscrita. O pedido de financiamento deve ser feito atempadamente através de requerimento em que se expõem as vantagens da participação na competição.

Caso a faculdade não cubra a totalidade dos custos, será necessário encontrar fontes de financiamento alternativas junto de sociedades de advogados, fundações, entidades governamentais, autarquias locais, etc. O procedimento a adotar deve ser o mesmo que se utilizou para requerer financiamento à faculdade: entrar em contacto com algum responsável destas organizações e enviar uma carta ou email em que se explique, de forma persuasiva, a importância da competição, acompanhada de uma carta de recomendação elaborada pela direção da faculdade ou por um professor que lecione matérias afins às discutidas no moot court.

CAPÍTULO III
ORGANIZAR UM MOOT COURT

Sumário: 1. Escolher o formato; 2. Criar uma estrutura institucional e organizativa; 3. Estabelecer parcerias; 4. Escolher o local e a data das sessões de julgamento; 5. Elaborar o regulamento e o cronograma; 6. Redigir o caso; 7. Publicitação; 8. Escolher os juízes; 9. Preparar a fase final da competição.

1. Escolher o formato e o nome

A primeira decisão a tomar depois de se decidir criar um moot court é a do formato de competição que se pretende organizar. A listagem de competições de moot court elencada na resposta à pergunta sete do Capítulo I deste livro pode servir de guia para esta decisão.

Dadas as dificuldades logísticas de organização de moot courts internacionais, provavelmente a decisão mais prudente será a de criar uma competição de âmbito interno à faculdade ou uma competição nacional. Feita esta escolha, é necessário decidir se o processo a simular terá lugar em português ou noutra língua perante um tribunal nacional ou internacional. A escolha do tribunal determinará, em regra, as áreas do direito sobre as quais versará a competição[48]. Se se entender simular um processo perante um tribunal fictício será ainda necessário decidir as matérias que são objeto do caso.

A decisão sobre o formato do moot court irá naturalmente ter influência decisiva sobre o nome da competição, a qual deve refletir a área do direito sobre a qual se debruça o caso. Se a competição vier a ter adesão dos estudantes e dos patrocinadores, o moot court não demorará a ganhar visibilidade e prestígio, funcionando o seu nome como uma verdadeira marca.

2. Criar uma estrutura institucional e organizativa

I. A ideia da criação de um moot court parte frequentemente de antigos participantes neste tipo de competições. É aconselhável que os fundadores se associem desde o início a entidades ligadas ao mundo universitário que tenham alguma notoriedade. Esta associação credibiliza o projeto e é uma garantia da sua perenidade, dois factores que são muito importantes para o estabelecimento de parcerias com patrocinadores.

A história do nascimento e posterior evolução do Moot Court Português de Direito Internacional é, a este

---

[48] Será o direito da União Europeia se for escolhido o Tribunal de Justiça da União Europeia, o direito internacional público se for escolhido o Tribunal Internacional de Justiça, o direito constitucional se for escolhido o Tribunal Constitucional, o direito administrativo se for escolhido um tribunal administrativo, etc.

propósito, paradigmática. Em meados de 2010, fui abordado pelo Pedro Espírito Santo, antigo membro de uma equipa da Nova Direito que participou no Telders International Law Moot Court Competition, sobre a hipótese de a associação de estudantes, a que o Pedro presidia, criar uma competição de moot court em Portugal. Depois de algumas reuniões foi decidido que o moot court seria organizado no início de 2011 juntamente com a Sociedade Portuguesa de Direito Internacional, associação em que desempenhava na altura (e ainda hoje) funções diretivas. A partir da V Edição, em 2015, associaram-se à organização da competição a Faculdade de Direito da Universidade de Lisboa e a Nova Direito.

II. Estabelecida a base institucional da competição é necessário em seguida designar uma comissão organizadora, para a qual devem ser escolhidas pessoas com experiência prévia de participação e organização de moot courts.

A cada membro da comissão organizadora deve ser atribuída uma tarefa específica, como a coordenação das questões logísticas da competição e as relações com os patrocinadores, juízes e participantes.

Um dos membros da equipa organizadora deve ser designado como ponto de contacto com as equipas, competindo-lhe designadamente: i) receber e confirmar a inscrição das equipas; ii) responder a dúvidas colocadas pelas equipas; iii) receber pedidos de clarificação e as alegações escritas; iv) confirmar a presença das equipas nas simulações das sessões de julgamento. No sítio da internet do moot court deve ser indicado o email do ponto de contacto.

Outro dos membros da equipa organizadora deve ficar com o pelouro do contacto com os juízes da competição, cabendo-lhe designadamente: i) selecionar os juízes; ii) enviar-lhe o *bench memo* e a lista de perguntas (se as houver); iii) enviar as alegações escritas e recebe-las depois de avaliadas; iv) confirmar a presença dos juízes nas audiências de julgamento.

3. Procurar patrocinadores

Depois de definida e escolhida a estrutura institucional e organizativa do moot court é a altura de apresentar a iniciativa a potenciais patrocinadores. Estes podem ser instituições públicas, fundações, empresas, consultores, editoras jurídicas ou escritórios de advogados. O apoio prestado pode ser financeiro e/ou logístico. Em troca pode ser prometida a publicitação do patrocínio à competição no sítio e em cartazes da prova.

Desde a sua criação, o Moot Court Português de Direito Internacional tem como patrocinador principal a sociedade de advogados VdA que, para além de uma pequena contribuição financeira para o almoço dos estudantes, disponibiliza material de escritório (*v.g.* pastas, lápis, etc), atribui um prémio à subequipa que venceu a final (dois estágios de verão) e cede as suas instalações para a cerimónia de entrega de prémios, que inclui um *cocktail*. Os outros dois patrocinadores que acompanham o moot court desde a primeira edição têm sido o Ministério dos Negócios Estrangeiros, que oferece o prémio à subequipa que perder a final (dois estágios de verão no departamento de assuntos jurídicos), e o Tribunal da Relação de Lisboa, que cede as suas instalações para as simulações das audiências de julgamento. Nas últimas edições patrocinaram também a competição, através da atribuição de estágios de verão, a Secretaria de Estado do Mar, a Secretaria de Estado da Cultura, a Vodafone e a Entidade Reguladora das Águas e Resíduos. O prémio de melhor orador já foi patrocinado pela Vodafone (através da atribuição de um telemóvel), pela Coimbra Editora (através da atribuição de um cheque-livro) e pela Leya (através da atribuição de um cheque-livro). Por último, o Moot Court Português de Direito Internacional tem também contado com o apoio da Câmara Municipal de Lisboa, que cede um autocarro para transportar os estudantes entre o local das simulações (o Tribunal da Relação de Lisboa) e o local da cerimónia de entrega de prémios (VdA).

4. Escolher o local e a data para as sessões de julgamento

I. O local que vai receber as simulações de uma audiência de julgamento deve ter determinadas características. Preferencialmente deve ter um átrio em que se possa fazer a acreditação e servir refeições e bebidas. Deve também dispor de salas com tamanho suficiente para permitir a realização de várias sessões de julgamento em simultâneo. Idealmente uma das salas deve conseguir reunir no espaço reservado ao público todos os participantes na competição. Será nesta sala que decorrerá a final. As salas de audiências devem apresentar a seguinte configuração[49]:

II. Os moot courts têm muitas vezes lugar no *campus* da faculdade organizadora. Esta escolha tem a vantagem de estar em regra isenta de custos. Alternativamente, a competição pode decorrer num hotel – em salas de conferências – ou nas instalações de um tribunal.

---

[49] Sala de audiências da Faculdade de Direito da Universidade de Olomouc, na República Checa. Adaptação feita a partir de fotografia de Cimmerian Praetor, retirada de https://upload.wikimedia.org/wikipedia/commons/6/68/Palacky_Court_Room_1.JPG.

Depois de encontrado o local é a altura de marcar a(s) data(s) das simulações de julgamento e, em seguida, de proceder à reserva do espaço. Deve evitar-se a escolha de datas que interfiram com a época de exames dos estudantes ou que coincidam com outros moot courts.

5. Elaborar o regulamento e o cronograma

A competição deve ter um regulamento em que se esclareça, em primeiro lugar, as principais características do moot court, designadamente qual o tribunal e/ou área jurídica que será objeto da simulação, as diferentes fases em que divide a competição e quem é responsável pela organização. O regulamento deve em seguida explicar quem pode inscrever-se e como o pode fazer, bem como indicar o local e a data prevista para as simulações das audiências de julgamento. Particular atenção deve ser dada à definição dos prazos e regras das diferentes fases da competição. Por exemplo, será necessário determinar a dimensão máxima das alegações escritas e o tempo máximo das intervenções durante a audiência de julgamento.

Uma vez elaborado o regulamento, é aconselhável fazer um cronograma com as datas mais importantes da competição (a bold estão indicadas as datas que devem constar do regulamento):

19 de setembro (2ª feira) – Prazo para finalização do caso
23 de setembro (6ª feira) – Prazo para confirmação do local e dos patrocinadores da competição
26 de setembro (2ª feira) – Divulgação do caso no sítio do moot court

> **1 de outubro (3ª feira) – Prazo de inscrição das equipas**
> 4 de outubro (6ª feira) – Prazo de confirmação da inscrição das equipas
> **15 de outubro (sábado) – Prazo para pedidos de clarificações sobre o caso**
> 22 de outubro (sábado) – Prazo de resposta aos pedidos de esclarecimento
> 30 de outubro (Domingo) – Prazo para finalização do *bench memo*
> **31 de outubro (2ª feira) – Prazo para envio das alegações escritas**
> 1 de novembro (3ª feira) – Prazo para confirmação dos juízes das provas escritas
> 23 de novembro (4ª feira) – Prazo de confirmação dos juízes das simulações de julgamento
> 28 de novembro (2ª feira) – Prazo confirmação das equipas que vão participar nas simulações
> 30 de novembro (4ª feira) – Prazo de correção das alegações escritas
> **5 de dezembro (2ª feira) – Sessão final (simulações)**
> 7 de dezembro (4ª feira) – Publicação dos resultado no sítio do moot court

6. Redigir o caso

A responsabilidade pela redação do caso do moot court deve ser entregue anualmente a um especialista. O pedido deve ser feito em meados de julho e dado um prazo de dois meses para a entrega da versão final do texto. Se este prazo for cumprido, sobram ainda algumas semanas para que a organização proceda às alterações e revisões que forem necessárias antes da publicação do caso no sítio do moot court.

Nas semanas seguintes à publicitação, o autor do caso deve estar disponível para colaborar com a organização na resposta aos pedidos de clarificação que sejam enviados pelas equipas. Deve ainda enviar à organização o chamado *bench memo*. Este é um documento que inclui algumas pistas de resolução do caso que servem de orientação para os juízes que vão avaliar as peças escritas e as intervenções orais dos estudantes. Em articulação com a organização do moot court, pode também preparar uma lista de perguntas-tipo a fazer aos estudantes nas sessões de julgamento. O *bench memo* e a lista de perguntas devem depois ser enviadas pela organização aos juízes com a advertência de que não podem ser divulgadas aos participantes.

Até à cerimónia de entrega de prémios, a organização deve manter o anonimato do autor do caso. Assim se evitará que este seja importunado com dúvidas suscitadas pelas equipas, bem como que estas orientem as suas alegações para opiniões que tenham sido por si publicadas sobre questões conexas com o caso.

7. Publicitar o moot court

O moot court deve ter um sítio próprio na internet que inclua a explicação da competição e da sua história, a indicação de quem a organiza e patrocina, o regulamento e o caso[50]. O sítio deve ainda incluir uma referência à data e local das simulações de julgamento.

Uma vez que algumas equipas são oriundas de outras cidades ou países, é também útil que o sítio contenha informações práticas sobre transportes e acomodação no local em que se vão realizar as sessões de julgamento.

8. Escolher os juízes

Uma das maiores dificuldades que os organizadores do moot court vão encontrar é a da seleção de juízes para avaliarem as alegações escritas e participarem nas audiências de julgamento. Os juízes são geralmente professores, juízes, advogados e outros especialistas. Preferencialmente devem ser escolhidos entre antigos participantes na competição.

O número em concreto de juízes depende do número de equipas admitidas em cada competição. As edições do Moot Court Português de Direito Internacional têm tido entre doze e quinze juízes.

Os juízes escolhidos para avaliar as alegações escritas não têm de ser os mesmos das audiências de julgamento, muito embora tal seja conveniente, pois se isso acontecer estarão já bastante familiarizados com o caso quando forem chamados a intervir nas simulações.

Para preservar a equidade na avaliação das equipas, na distribuição de juízes pelas simulações das audiências

---

[50] O sítio do Moot Court Português de Direito Internacional é o seguinte: http://mootcourtportugues.cedis.fd.unl.pt/

de julgamento, a organização deve procurar evitar que os mesmos juízes julguem a mesma subequipa mais do que uma vez.

9. Preparar as sessões de julgamento

i. Reunir uma equipa

A fase mais importante de qualquer moot court é a das simulações das sessões de julgamento. Para que tudo corra de forma perfeita é necessária reunir uma equipa de voluntários, geralmente estudantes com experiência de participação em moot courts.

ii. Sorteio e elaboração das tabelas das sessões

Na semana anterior à data de início das sessões de julgamento deve ser feito o sorteio dos emparelhamentos das equipas nas sessões de julgamento e, em seguida, elaborada uma tabela que inclua o horário, sala, juízes, equipas e oficial de justiça de cada simulação (v. Anexo VI). Esta tabela deve ser publicada no sítio da internet da competição e enviada por email para cada equipa e para os juízes.

iii. Acreditação

Pelo menos dois membros da organização devem ficar responsáveis pela acreditação de todos os envolvidos no moot court. Devem para o efeito preparar uma pasta que contenha o programa do dia das sessões, o caso, as regras, o *bench memo* e a lista de perguntas (exclusivamente para os juízes), material enviado pelos patrocinadores e um crachá de identificação individual. Estas pastas devem ser entregues logo que um participante, treinador, juiz ou membro da organização chega ao local do moot court. A hora de chegada, que deve ser pelo menos 30 minutos antes do início das sessões, deve constar do programa que foi enviado previamente por email e publicado no sítio da internet do moot court.

Depois de terminarem o processo de acreditação, os dois membros da organização ficam livres para outras tarefas, designadamente o cálculo das pontuações ou a preparação do coffee-break e do almoço.

iv. Oficiais de justiça

Para cada simulação a organização deve designar um oficial de justiça. Este será responsável por levar as equipas para a sala de audiência e esclarecer quaisquer dúvidas de última hora que possam surgir. Após todos os estudantes estarem sentados nos seus lugares, o oficial de justiça encaminha os juízes para a sala. A audiência de julgamento deve ter início com as seguintes palavras proferidas pelo oficial de justiça:

> *Todos de pé! Está reunido o Tribunal Internacional de Justiça para julgar o caso do desaparecimento das moedas de ouro, Bitrónia contra Istínia. Preside à sessão o juiz Manuel de Almeida Ribeiro, assistido pelo juízes Francisco Pereira Coutinho e Ricardo Bastos.*

O oficial de justiça será responsável durante a sessão por controlar os tempos de intervenção de cada participante. Deve para esse efeito tomar nota das indicações de tempo dadas por cada equipa e pelo tribunal, e ter à sua disposição cartões com a indicação de cinco minutos, dois minutos e STOP, que vai mostrando aos estudantes e aos juízes ao longo de cada intervenção.

No final da sessão, o oficial de justiça deve retirar as equipas e o público para fora da sala enquanto o júri delibera.

A avaliação dos juízes deve ser feita com folhas de pontuação entregues pelo oficial de justiça. Depois de preenchidas, estas folhas devem ser recolhidas e entregues ao responsável da organização a quem foi atribuída a tarefa de proceder ao cômputo das classificações obtidas pelos estudantes durante as simulações de julgamento.

CAPÍTULO IV
JULGAR MOOT COURTS

Sumário: 1. Preparação; 2. Avaliação das alegações escritas; 3. Audiência de julgamento; 3.1. Papel do juiz; 3.2. Princípios fundamentais; 3.2.1. Equidade no tratamento das equipas; 3.2.2. Clareza das questões; 3.2.3. O moot court não é uma prova oral de conhecimentos; 3.2.4. O tribunal é coletivo e não singular; 3.3. Avaliação; 3.4. Orientação da sessão; 4. *Feedback*.

1. Preparação

I. Ser juiz num moot court é uma tarefa que envolve alguma responsabilidade. A maioria dos estudantes trabalhou muito na preparação das suas alegações e, em alguns casos, viajou desde muito longe para participar no moot court. Depararem-se com juízes que, de forma manifesta, tomam conhecimento do caso pela primeira vez durante as alegações orais constitui uma grande desilusão e pode criar a sensação de que o resultado da competição será aleatório.

II. Após ter sido convidado e aceitado a missão de juiz num moot court, deve esperar receber da organização um conjunto de documentos, que incluem o regulamento da competição, o caso, eventualmente acompanhado de legislação, convenções internacionais aplicáveis, o *bench memo* e uma lista de perguntas. Se for designado para avaliar alegações escritas, aguarde também a receção das respetivas folhas de pontuação.

III. A sua preparação deve começar pela leitura do regulamento da competição. Caso este lhe suscite alguma dúvida não hesite em coloca-la a algum membro do comité organizador.

Seguir-se-á a leitura atenta do caso. Tente anotar todas as questões factuais ou de direito que lhe pareçam pertinentes e recolha os elementos legislativos, convencionais, jurisprudenciais e doutrinais mais relevantes, caso estes não lhe tenham sido previamente disponibilizados pela organização.

Caso tenha recebido um *bench memo* analise-o em seguida. Se depois da sua leitura subsistirem dúvidas sobre a resolução do caso contacte algum membro do comité organizador da competição. Caso não tenha constrangimentos temporais, é recomendável uma investigação autónoma sobre algumas das questões jurídicas em causa. Note, contudo, que a sua função enquanto juiz de um moot court não é decidir materialmente o caso, mas sim avaliar a prestação dos estudantes enquanto advogados. Acresce que os casos apresentam deliberadamente questões controvertidas, pelo que é natural a existência de vários caminhos argumentativos para a respetiva resolução.

Caso a sua missão seja avaliar as alegações escritas, analise as folhas de pontuação enviadas pela organização. Antes de iniciar a avaliação das peças processuais tente esclarecer junto da organização quaisquer dúvidas que tenha sobre os elementos de avaliação.

Se a sua intervenção como juiz incluir a participação na audiência de julgamento, é recomendável a preparação de uma lista de perguntas a utilizar durante a simulação. Esta lista deve ser elaborada mesmo se a organização do moot court lhe tiver enviado uma lista de perguntas sugeridas. A utilização das perguntas preparadas pela organização pode tornar as simulações muito estereotipadas e repetitivas, especialmente se os participantes tiverem de intervir várias vezes durantes a fase preliminar da competição[51].

2. Avaliação das alegações escritas

I. Após a leitura das regras da competição e a análise do caso estará em condições de realizar a primeira tarefa que lhe pode ser confiada enquanto juiz de um moot court: a de avaliar as peças processuais elaboradas pelas equipas. Trata-se de uma tarefa que tem inerente alguma subjetividade, para a qual poderá não se sentir muito confortável no caso de não ter experiência de ensino académico. Para o ajudar e para garantir maior objetividade no processo de avaliação, a organização preparou um documento que apresenta sumariamente pistas de resolução para os problemas jurídicos suscitados pelo

---

[51] John Korzen, *Make Your Argument – Succeeding in Moot Court and Mock Trial*, cit., p. 124.

caso (*bench memo*). Ter-lhe-á também enviado uma folha de pontuação em que constem vários critérios de pontuação (Anexo IX).

A sua tarefa consiste em avaliar as peças escritas dos estudantes. Para o efeito deve ter em conta os seguintes critérios de correção:

Elementos de avaliação	Fatores a ter em conta
Argumentação jurídica (0-50)	i) Identificação das principais questões jurídicas discutidas no caso; ii) Clareza e criatividade dos argumentos; iii) Domínio de conceitos jurídicos fundamentais; iv) Aplicação correta do direito aos factos; v) Demonstração de conhecimentos jurisprudenciais e doutrinais;
Apresentação e estilo (0-30)	i) Estrutura e sequência lógica dos argumentos; ii) Eloquência; iii) Modo de citação.
Gramática (0-20)	i) Fluência; ii) Erros gramaticais;

Não utilize o *bench memo* como simples grelha de correção. A invocação de argumentos inovadores que não constem deste documento e que sejam acertados do ponto de vista jurídico e da estratégia processual deve ser valorizada. A avaliação das peças escritas pode basear no *bench memo*, mas não deve cingir-se a ele.

A classificação que os juízes atribuírem pode não corresponder à nota final da equipa. A organização pode ainda deduzir pontos com base em violações regulamentares:

Motivo	Penalização
Violação do limite máximo de páginas da secção de mérito das alegações	i) até uma página: dez pontos; ii) mais do que uma página: 50 pontos.
Incumprimento do limite de páginas do sumário	i) até 1/2 página: dez pontos; ii) mais do que uma página: 50 pontos.
Atraso no envio das alegações escritas	i) até 24 horas: dez pontos; ii) mais do que 24 horas: 50 pontos.

3. A audiência de julgamento

3.1. *Papel do juiz*

I. Na audiência de julgamento dos moot courts interagem advogados e juízes. A simulação será bem-sucedida se der origem a um debate. Advogados impreparados tornam a audiência pobre, não sendo raros momentos confrangedores resultantes da ignorância dos factos ou do desconhecimento de questões jurídicas fundamentais para a resolução do caso. Juízes impreparados, ou não intervêm, o que torna a sessão monótona, ou intervindo, arriscam-se a estragar meses de preparação dos estudantes, que muitas vezes perdem tempo precioso a rebater imprecisões factuais ou questões jurídicas sem relevância direta para o caso.

A participação em moot courts consubstancia uma experiência muito importante para estudantes de direito porque constitui a primeira aproximação a uma realidade que se habituaram a ver em filmes e séries de televisão. Litigar frente a um coletivo de juízes e contra colegas de outras faculdades é um exercício que os submete a uma pressão e os coloca perante estímulos que não encontram paralelo nos exercícios práticos que têm nas disciplinas do curso. O seu desempenho como juiz é decisivo para tornar esta experiência memorável para os estudantes.

II. O desafio mais aliciante da experiência como juiz de um moot court é a intervenção na audiência de julgamento. A sua missão como juiz, recorde-se novamente, é a de avaliar a prestação dos advogados e não recolher elementos para decidir a causa. Ora, a melhor forma de testar as capacidades argumentativas dos estudantes é através de perguntas durante as alegações. Não se esqueça que os estudantes preparam as suas intervenções na expectativa de serem várias vezes interrompidos e de que um dos elementos de avaliação mais importantes é a capacidade de resposta que demonstrarem a questões colocadas pelo tribunal. Aliás, um dos sinais para os estudantes de que as alegações estão a correr bem é justamente o número de questões colocadas pelo tribunal. Um número muito elevado de questões significa geralmente que os juízes estão curiosos e reconhecem que o advogado está a suscitar questões pertinentes para a resolução do caso[52]. Durante a simulação, as interpelações dos juízes poder ter como objeto questões[53]:

> **Factuais**
> Têm como objetivo testar o conhecimento do caso pelos estudantes.

> **Jurídicas**
> Têm como objetivo avaliar conhecimentos de direito. Podem dizer respeito às normas aplicáveis, ao domínio de conceitos e institutos jurídicos, a conhecimentos doutrinais ou jurisprudenciais relevantes para a sua resolução, etc.

> **Hipotéticas**
> Perguntas baseadas numa distorção propositada dos factos. Visam testar a capacidade de resposta dos estudantes perante cenários diferentes daqueles que foram previamente preparados.

> ***Softballs*** **(Borlas)**
> Perguntas de dificuldade reduzida. Têm como propósito ajudar os estudantes, especialmente nos casos em que estes "paralisam" por estarem muito nervosos. Podem também tomar a forma de observações que advertem o advogado que está a perder tempo ao seguir um caminho errado ou a discutir questões acessórias.

---

[52] Meghan Spillane, *International Moot Court: an introduction*, International Debate Association, 2008, pp. 32 e 33.

[53] Sigo aqui a tipologia de John Korzen, *Make Your Argument – Succeeding in Moot Court and Mock Trial*, cit., p. 125.

3.2. Princípios fundamentais a ter em conta

3.2.1. *Equidade no tratamento das equipas*

I. O caso do moot court apresenta geralmente problemas jurídicos de dificuldade semelhante para as partes em litígio. No entanto, é muito natural que, depois de analisar o caso, se incline a favor de um dos lados. Isso pode levar a que, ainda que inconscientemente, venha a ser mais exigente durante a audiência de julgamento com a parte que defende uma posição com a qual não concorda. Como a sua missão não é decidir o caso, tente manter-se neutro.

II. De modo a manter um tratamento equitativo dos estudantes durante a audiência de julgamento evite:

> **Interpelar a equipa**
> Não dirija perguntas à equipa, pois isso pode permitir que apenas um dos membros responda.

> **Centrar o interrogatório apenas num determinado estudante**
> Ainda que um determinado estudante esteja a fazer uma alegação que considere indefensável, tenha em consideração que tal pode ser o resultado da forma como o caso está desenhado.

> **Fazer perguntas com graus de dificuldade muito díspar**
> Não pergunte a uma equipa apenas questões factuais e à outra apenas questões de teor jurídico. Se possível faça a mesma pergunta aos dois lados ou peça a uma parte que responda a uma questão que tenha sido colocada à outra parte.

> **Iniciar o interrogatório com questões muito difíceis**
> Alguns estudantes podem "congelar" ou sentir-se muito intimidados. Não se esqueça que para a maioria esta será a primeira experiência num moot court. É, por isso, pedagogicamente aconselhável começar o interrogatório com questões mais simples e, ao longo da sessão, ir aumentando o nível de dificuldade.

> **Manter o interrogatório perante estudantes manifestamente mal preparados**
> Evite "bater no ceguinho". Em alguns casos é inútil continuar o interrogatório. Seguir-se-á um silêncio confrangedor ou respostas disparatadas. Este tratamento diferenciado deve obviamente refletir-se nas classificações.

A importância da sua intervenção como juiz durante a audiência de julgamento recomenda a preparação prévia de uma lista de perguntas sobre o caso que inclua questões de teor factual, jurídico ou hipotético. Assim poderá controlar melhor o número de perguntas e o respetivo nível de dificuldade, assegurando desta forma um tratamento equitativo de todos os estudantes.

3.2.2. *Clareza nas perguntas*

Outra preocupação a ter em conta durante a audiência de julgamento consiste em transmitir as suas questões e observações de uma forma clara e curta. Não se esqueça que o tempo de que cada estudante dispõe para apresentar as suas alegações não se interrompe com a sua intervenção. Observações longas e questões ininteligíveis podem comprometer o resultado dos estudantes na competição.

Se a questão colocada não foi compreendida pelo estudante deve reformulá-la se a considerar muito relevante para a discussão ou simplesmente retirá-la se for acessória. É também recomendável a formulação de perguntas complementares, por exemplo para pedir a aclaração da resposta dada pelo estudante.

3.2.3. *O moot court não é uma prova oral de conhecimentos*

O moot court não é uma simples prova académica oral destinada a testar conhecimentos jurídicos. Isso não impede, evidentemente, que os estudantes sejam interpelados com questões de direito relacionadas com o caso, mas convém não esquecer que o propósito do exercício é testar o seu desempenho como advogados numa audiência de julgamento e não apenas os conhecimentos adquiridos numa determinada disciplina jurídica.

As questões geralmente incidem sobre a área do direito que é tratada primacialmente no caso, mas nada impede que se debrucem também sobre áreas conexas. No entanto, caso decida durante o interrogatório explorar outras áreas do direito, deve, por razões de equidade, ter o cuidado de o fazer em relação às duas partes no litígio.

3.2.4. *O tribunal é coletivo e não singular*

Não se esqueça de que faz parte de um coletivo de juízes. Como o tempo da simulação é limitado, não monopolize a sessão de julgamento com perguntas sucessivas. Após fazer uma questão e caso não considere absolutamente necessário fazer uma pergunta complementar, dê oportunidade aos outros membros do painel de juízes para também intervirem na sessão.

3.3. Avaliação

I. A sua missão como juiz de uma audiência de julgamento de um moot court consiste em avaliar comparativamente a prestação dos advogados na defesa dos seus clientes. Ao contrário do que se passa na vida real, não lhe é pedida pronúncia sobre os pedidos feitos pelas partes.

A maioria dos juízes é apenas chamada a intervir nas audiências de julgamento, mas alguns avaliam também as alegações escritas. No caso de ter intervindo nas duas fases do moot court, tenha em atenção para a circunstância de que a avaliação das alegações orais é feita de forma independente em relação à avaliação das alegações escritas.

II. Por forma a limitar a subjetividade inerente à avaliação da prestação oral dos advogados, a organização do moot court deve preparar uma folha de pontuação que inclua vários critérios de pontuação. A avaliação deve ser realizada por cada um dos juízes e feita individualmente em relação a cada estudante. Não é recomendável a atribuição de uma classificação única a cada estudante pelo coletivo de juízes e muito menos a atribuição de uma nota à equipa.

Tomando como exemplo a folha de pontuação utilizada no Moot Court Português de Direito Internacional (cfr. Anexo X), estes são alguns fatores a ter em conta na graduação dos critérios de avaliação da prestação dos estudantes:

Critérios de avaliação	Fatores a ter em conta
Gestão do tempo e organização	• conclusão dos alegações dentro do tempo limite; • divisão equitativa do tempo entre os membros da equipa; • não utilização do tempo por larga margem; • sequência argumentativa; • transição entre argumentos; • efetividade das conclusões; • erros factuais; • invenção de factos;
Conhecimento do direito aplicável e capacidade argumentativa	• compreensão das questões jurídicas; • domínio de conceitos jurídicos básicos; • aplicação do direito aos factos; • conhecimentos jurisprudenciais e doutrinais; • resposta aos argumentos da outra parte. • persuasão dos argumentos.
Resposta a perguntas	• compreensão do sentido das perguntas; • capacidade de resposta direta e concisa; • inflexibilidade; • demasiada deferência para com a posição do tribunal.
Fluência	• postura; • cordialidade; • terminologia; • persistência; • entusiasmo; • confiança; • tiques verbais; • dicção (audibilidade e claridade); • gramática; • recurso constante a notas escritas; • contacto visual com os juízes;

3.4. Orientação da sessão

I. Se for chamado a presidir a uma audiência de julgamento de um moot court compete-lhe dirigir a sessão, o que significa que deve conhecer bem as regras da competição. Lembre-se que a sua falta de conhecimento das regras fundamentais da competição pode perturbar o desempenho dos estudantes.

Caso tenha dúvidas sobre uma determinada regra, não hesite em contactar o oficial de justiça. Para além da tarefa fundamental de controlar o tempo atribuído a cada advogado, este tem como missão auxiliar os juízes durante as sessões, gerindo burocraticamente o processo de avaliação e resolvendo qualquer questão que lhe seja colocada pelos juízes.

II. Na orientação da audiência seja rigoroso na implementação do princípio da equidade no tratamento das duas equipas. Tente assegurar que os limites temporais não são violados e estar atento às indicações sobre o tempo que lhe forem sendo transmitidas pelo oficial de justiça.

Se necessário não hesite em retirar a palavra aos estudantes se estes excederem manifestamente o seu tempo. Procure também assegurar que os restantes juízes estão a fazer perguntas em número e em grau de dificuldade semelhante aos concorrentes. Não permita que um juiz mantenha um interrogatório que considere inútil ou que esteja a consumir demasiado tempo. Na medida do possível, procure que todos os juízes tenham oportunidade de colocar as questões que entenderem pertinentes. Por regra faça as suas perguntas e observações depois dos seus colegas.

III. Adote uma atitude pedagógica para com os estudantes. Estes podem facilmente cometer "erros de principiante", seja pela pressão do momento seja pela sua inexperiência.

4. *Feedback*

I. O moot court é um exercício académico, pelo que é muito importante para os estudantes receberem críticas construtivas. Estas são essenciais para que possam melhorar no futuro o seu desempenho noutras competições em que decidam participar.

Durante a audiência de julgamento, é recomendável que os juízes tomem nota de tudo o que considerem relevante sobre o desempenho dos estudantes. Não se trata, advirta-se, de fundamentar as classificações atribuídas. O objetivo dessas anotações é apenas dar conta aos estudantes de aspetos particularmente positivos ou negativos das suas alegações.

As críticas podem ser feitas diretamente na folha de pontuação das alegações escritas e orais, no espaço dedicado a comentários ou no verso da folha. Podem também ser feitas individualmente a cada estudante depois de conhecidos os resultados da competição.

II. Os estudantes estão à espera de críticas construtivas ao seu desempenho. Se possível, esteja disponível para responder a questões colocadas pelos estudantes depois de conhecidos os resultados da competição.

Algum grau de crítica negativa é quase sempre necessário, pelo que deve evitar fazer afirmações banais como "o importante é participar" ou "todos estiveram lindamente", exceto, claro, se tal for realmente o caso! Tente ser o mais específico possível nos conselhos que dá aos estudantes.

BIBLIOGRAFIA

AAVV, *A Guide to the Willem C. Vis International Commercial Arbitration Moot*, Center for International Legal Education at the University of Pittsburgh School of Law, 2013

ALMEIDA RIBEIRO, Manuel de, e PEREIRA COUTINHO, Francisco, *Jurisprudência Resumida do Tribunal Internacional de Justiça*, Dom Quixote, 2016

AUST, Anthony, *Handbook of International Law*, 2ª Edição, Cambridge University Press, 2010

BACELAR GOUVEIA, Jorge, *Manual de Direito Internacional Público*, 4ª Edição, Almedina, 2013

DICKERSON, Darby, "In Re Moot Court", *Stetson Law Review*, XXIX, 2000, 1217-1227

DIXON, Martin, MCCORQUODALE, Robert e WILLIAMS, Sarah, *Cases and Materials on International Law*, 5ª Edição, Oxford University Press, 2008

FUKUYAMA, Francis, *The Origins of Political Order: from Prehuman Times to the French Revolution*, Profile Books, 2011

GERBER, Paula, e CASTAN, Melissa, "Practice Meets Theory: Using Moots as a Tool to Teach Human Rights Law", *Jornal of Legal Education*, 62, 2, 2012, 298-310

GILLESPIE, Alisdair A., "Mooting for Learning", *Journal of Commonwealth Law and Legal Education*, 5, 1, 2007, 19-37

HARRIS, D.J., *Cases and Materials on International Law*, 8ª Edição, Sweet and Maxwell, 2015

HERNANDEZ, Michael V., "In Defense of Moot Court: a Response to "In Praise of Moot Court: Not!"", *The Review of Litigation*, 17, 1998, pp. 71 a 78

KORZEN, John, *Make Your Argument – Succeeding in Moot Court and Mock Trial*, Kaplan, 2010

KOZINSKI, Alex, "In Praise of Moot Court – Not!", *Columbia Law Review*, 97, 1997, pp. 178-197

LEBOVITS, Gerald, GEWUERZ, Drew e HUNKER, Christopher, "Winning the Moot Court Oral Argument: a guide for intramural and intermural moot court competitors", *Capital University Law Review*, 41, 2013, 887-948

LLEWELLYN, Karl, *The Bramble Bush: on Our Law and Its Study*, Oxford University Press, 2009 (original de 1930)

PEARCE, Robert Richard, *A Guide to the Inns of Court & Chancery*, Butterwoth's, 185

PEREIRA COUTINHO, Francisco, *Os tribunais nacionais na ordem jurídica da União Europeia: o caso português*, Coimbra Editora, 2013

RACHID, Mohamed, e KNERR, Charles R., "Brief History of Moot Courts: Britain and the United States", *Paper Presented at the Annual Meeting of the SouthwesternPolitical Science Association*, Galveston, 2000, disponível em http://files.eric.ed.gov/fulltext/ED442343.pdf

SPILLANE, Meghan, *International Moot Court: an introduction*, International Debate Association, 2008

THÜRER, Daniel. "Soft Law", *Max Planck Encyclopedia of Public International Law*, Oxford Public International Law (http://opil.ouplaw.com), 2009

WOLSKY, Bobette, "Beyond Mooting: designing an advocacy, ethics and values matrix for the law school curriculum", *Legal Education Review*, 19, 1 e 2, 2009, pp. 41-82

ANEXOS

ANEXO I
O CASO

Moot Court Português de Direito Internacional

2011

Bitrónia *vs*. Istínia

O caso do desaparecimento da moeda única

1. A União Atlântica (UA) é uma organização internacional que reúne vários países da região do Atlântico-Norte, entre os quais se encontram a Bitrónia e a Istínia. O seu objetivo é a promoção da integração política e económica dos seus Estados-Membros, o que tem sido atingido através de sucessivos processos convencionais que foram expressando os vários patamares de integração acordados. A coerência e a continuidade das acções empreendidas para atingir os objectivos da UA foi sendo alcançado através de um quadro institucional próprio, do qual fazem parte órgãos políticos e jurisdicionais.

2. Criada como zona de comércio livre através do Tratado de Milão (1950), a UA evoluiu para uma união alfandegária com o Tratado de Madrid (1960) e, posteriormente, para uma união económica pelo Tratado de

Paris (1990). O grande passo, porém, foi a criação de uma moeda única, a Áurea, através do Tratado do Porto (1999).

3. O processo para a criação da Áurea foi prolongado e complexo, tendo sido referido por vários políticos e economistas as dificuldades que resultariam da incompleta institucionalização de uma governação económica e financeira comum, apesar de o Tratado do Porto ter criado o Banco Central Atlântico com a missão específica de controlar a massa monetária e os juros e o objetivo essencial de garantir a estabilidade dos preços.

Foi ainda referida a dificuldade que poderia resultar das grandes diferenças de desenvolvimento entre os Estados do leste da UA e os do oeste, cujos interesses poderiam divergir, designadamente no que se prende com a cotação internacional da moeda e a consequente competitividade das economias.

4. Pelo Tratado do Porto, os Estados-Membros da UA obrigaram-se a manter as respetivas dívidas públicas e os défices orçamentais dentro de limites expressos, quer no momento da criação da moeda, quer posteriormente.

A crise financeira de 2008/9 tornou, no entanto, necessária a intervenção dos governos no apoio ao sistema financeiro, com grave e generalizada superação pelos Estados-Membros dos limites acordados para as dívidas públicas e os défices orçamentais. Os órgãos políticos da UA deram, aliás, o seu acordo à superação desses limites, apelando até a que não fossem poupados esforços para salvar os sistemas financeiros dos Estados.

5. Logo no final de 2009 começaram a sentir-se os efeitos do aumento das despesas públicas nas economias mais frágeis da UA. Alguns Estados apresentaram volumes de dívida tão elevados e défices orçamentais tão volumosos que a sua solvabilidade começou a ser seriamente posta em causa e a possibilidade de recorrerem aos mercados financeiros para satisfazerem os seus compromissos crescentemente dificultada e sujeita a taxas de juro incomportáveis. Por outro lado, como a áurea se mantinha muito forte, a competitividade dessas economias mais frágeis, que noutras circunstâncias seria melhorada através da desvalorização da moeda, foi gravemente prejudicada, com forte agravamento das balanças de transações correntes e recessão económica acentuada.

Esta situação só poderia ser enfrentada através de um apoio maciço dos Estados-Membros mais sólidos aos mais débeis e de uma reconversão das economias destes últimos com efeitos duradouros, mas não foi possível estabelecer os compromissos necessários a esse apoio, pelo que se tornou inviável a manutenção da áurea como moeda única.

6. Não estando previsto no Tratado do Porto o fim da moeda única, foi necessário estabelecer um consenso entre os Estados-Membros da UA para a reintrodução de unidades monetárias nacionais, sendo fixada em 1 de Novembro de 2010 a data de 30 de Janeiro de 2011 para esse efeito.

Quinze dias antes desta última data, a Bitrónia, um dos Estados mais fortemente endividados da UA, declarou que, tendo toda a sua dívida externa denominada em áureas, a sua moeda nacional à data da contracção das dívidas, esta passará a ser denominada na sua nova moeda nacional, ao câmbio estabelecido á data da respectiva reintrodução.

7. Em Março de 2011, o florim bitrónico, nova unidade monetária da Bitrónia, já se tinha desvalorizado 90%.

Em 1 de Abril de 2011, o governo da Bitrónia anunciou um vasto plano de nacionalizações de empresas nacionais estrangeiras, em que se previa que as indemnizações dos proprietários serão estabelecidas através de avaliação unilateral a efectuar por uma agência governamental e pagas através de obrigações do tesouro a dez anos e taxa de juro fixa.

8. No dia seguinte, em resposta ao anúncio do plano de nacionalização bitrónico, o Governo da maior potência económica da UA, a Istínia, decretou: (i) o embargo a todas a importações de produtos originários na Bitrónia; e (ii) o confisco dos bens de nacionais da Bitrónia como garantia do pagamento das dívidas deste Estado.

9. Considerando as medidas decretadas pela Istínia uma violação flagrante dos Tratados que instituíram a UA, a Bitrónia anunciou, a 1 de Maio de 2011, a sua decisão de saída desta organização internacional.

10. Após inúmeras diligências políticas e diplomáticas e alegando não existirem na Bitrónia mecanismos judiciais que permitam aos seus nacionais, particulares e empresas reclamarem os seus direitos, a Istínia, propôs, a

1 de Setembro de 2011, uma acção no Tribunal Internacional e Justiça contra a Bitrónia, pedindo que condene este Estado a:

a) Pagar as dívidas contraídas antes da reintrodução do florim bitrónico através do respectivo valor real, a apurar através do valor médio de um cabaz de moedas forte;
b) Indemnizar pelo justo valor, apurado por critérios objectivos, as nacionalizações decididas pelos Governo da Bitrónia;
e declare que a Bitrónia:
c) ao declarar a saída da UA, violou os Tratados que regem esta organização internacional, os quais não prevêem a possibilidade de recesso.

11. Em resposta, a Bitrónia, para além de sustentar a conformidade com o direito internacional das suas acções, pediu ao tribunal que declare que a Istínia:

a) violou o direito internacional ao decretar o embargo a todas a importações de produtos originários na Bitrónia e o confisco dos bens dos seus nacionais.

12. A Bitrónia e a Istínia são Estados-Membros da Organização Mundial do Comércio, das Nações Unidas e partes do Estatuto do Tribunal Internacional de Justiça. Os dois Estados aceitaram sem reservas a jurisdição do Tribunal Internacional de Justiça através de declaração emitida ao abrigo do art. 36.º do Estatuto do Tribunal Internacional de Justiça.

ANEXO II
O REGULAMENTO

Regulamento do Moot Court Português de Direito Internacional

Capítulo I
Disposições Gerais

Artigo 1.º – Objeto e estrutura

1. O Moot Court Português de Direito Internacional (doravante designado como "Moot Court" ou "Competição") consiste numa competição universitária de tribunal simulado sobre temáticas do direito internacional público e é baseado na jurisdição e funcionamento do Tribunal Internacional de Justiça da Organização das Nações Unidas.

2. A competição é composta por três fases – eliminatórias, semifinais e final – nos termos do disposto no Capítulo III do presente Regulamento.

Artigo 2.º – Organização

1. O Moot Court é organizado por uma comissão composta por um representante da Faculdade de Direito da Universidade de Lisboa, um representante da Faculdade de Direito da Universidade Nova de Lisboa e um representante da Associação de Estudantes das Faculdade de Direito da Universidade Nova de Lisboa (doravante designados de "organizadores").

2. Compete aos organizadores a resolução de todas as questões administrativas, bem como a disponibilização de toda a informação e recursos necessários à boa realização do Moot Court.

Artigo 3.º – Local e data
O Moot Court realiza-se no início do mês de dezembro, no espaço definido para o efeito pelos organizadores, e terá a duração de um dia.

Artigo 4.º – Participação, Composição e Registo das Equipas
1. Qualquer aluno matriculado no ano letivo de 2016/2017 no primeiro ciclo de estudos dos cursos de direito, ciência política ou relações internacionais, ministrados por uma faculdade portuguesa, poderá integrar uma equipa participante na competição.

2. As equipas são compostas por dois ou quatro elementos da mesma faculdade, divididas em duas subequipas (uma em defesa do Estado demandante e outra em defesa do Estado demandado).

3. As equipas devem registar a sua inscrição até às 23h:59m do dia 15 de novembro de 2016, preenchendo o formulário disponível no site da competição: www.mootcourtportugues.cedis.fd.unl.pt.

4. Os organizadores reservam-se no direito de cancelar a realização do Moot Court, no caso de inscrição de menos de três equipas, sem prejuízo do disposto no número seguinte.

5. A competição tem como limite máximo de inscrições oito equipas e só será permitida a inscrição de uma equipa por Faculdade.

6. Se considerar que as condições de realização do Moot Court o permitem, os organizadores pode admitir a inscrição de um número superior de equipas.

7. No caso de um número de inscrições superior ao limite resultante da aplicação dos números anteriores, devem considerar selecionadas para participação as equipas que se tenham inscrito em primeiro lugar, tomando em consideração a representatividade das diferentes Faculdades.

8. Caso não se preencha o número máximo de vagas de inscrição previsto no n.º 3, as faculdades podem ser representadas por mais que uma equipa, dando-se prioridade às equipas que representam a Faculdade de Direito da Universidade Nova de Lisboa e à Faculdade de Direito da Universidade de Lisboa.

9. No ato de inscrição, as equipas deverão assinar uma declaração de compromisso relativa à sua participação no Moot Court, garantindo a sua presença no dia da realização das rondas semifinais e da ronda final da mesma.

10. Pelo desrespeito da declaração de compromisso, as equipas incorrem em responsabilidade pelos prejuízos causados ao normal decorrer da competição.

Artigo 5.º – O Caso

1. Os organizadores convidam uma personalidade altamente qualificada para elaborar o caso da competição, garantindo o seu anonimato.

2. O caso é disponibilizado no sítio da internet do Moot Court durante a última semana de setembro.

3. As equipas inscritas podem remeter aos organizadores pedidos de clarificação sobre o caso até às 23h:59m do dia 22 de outubro de 2016.

4. As respostas dos organizadores aos pedidos de esclarecimentos apresentados pelas equipas serão publicadas no sítio da internet do Moot Court.

Artigo 6.º – Apoio externo às equipas

O apoio externo a uma equipa na preparação da Competição, incluindo o de membros da Faculdade, deve ser limitado à discussão geral do Caso, sugestões quanto a recursos de investigação e treino da apresentação em público.

Artigo 7.º – Eliminatórias, Semifinais e Final

1. Cada equipa é responsável pela defesa dos dois Estados em litígio no caso, devendo para tal escolher dois elementos para defender o Estado demandante e outros dois elementos para defender o Estado demandado.

2. De acordo a divisão feita no número anterior, apenas dois elementos de cada equipa intervêm em cada sessão.

3. Não é permitida a presença de nenhum dos membros da equipa, eventuais treinadores ou assistentes noutras sessões das semifinais que não aquelas em que a equipa participa.

Capítulo II
Intervenções orais

Artigo 8.º – Tempo e local das intervenções

Os organizadores determinam o local e a data específica da competição, bem como a agenda das sessões que as constituem.

Artigo 9.º – Estrutura

1. Cada simulação divide-se em quatro momento:

a) Intervenção inicial do Estado demandante efetuada por uma subequipa (um ou dois elementos da equipa). Na intervenção principal do demandante, são apresentados os argumentos fácticos e jurídicos relevantes para a defesa do Estado que representam;

b) Intervenção inicial do Estado demandado efetuada por uma subequipa (um ou dois elementos da equipa). Na intervenção principal do demandado, são apresentados os argumentos fácticos e jurídicos relevantes para a defesa do Estado que representam;

c) Réplica realizada por um membro da subequipa do demandante. Na réplica, o interveniente responde unicamente aos pontos referidos na intervenção principal do demandado (b).

d) Tréplica realizada por um membro da subequipa do demandado. Na tréplica, o interveniente responde apenas aos pontos referidos na réplica (c).

2. As alegações podem conter referências doutrinárias e jurisprudenciais, sem prejuízo de ser valorizada a originalidade argumentativa.

3. Não é permitida qualquer modificação dos factos do caso ou qualquer enunciação de factos novos. Só é permitida a presunção ou a possibilidade de ocorrência de certos factos de acordo com critérios lógicos extraídos dos factos do caso.

4. Nenhuma comunicação oral e escrita poderá ter lugar entre uma equipa participante na sessão e even-

tuais treinadores, assistentes ou outros membros do público.

5. A intervenção dos participantes pode conter referências doutrinárias e jurisprudenciais, sem prejuízo de ser valorizada a originalidade argumentativa das equipas.

6. Caso subsistam dúvidas no que respeita à forma e conteúdo das sessões, podem ser enviados pedidos de esclarecimentos para mootcourtsfdunl@gmail.com, sendo que todas as equipas terão conhecimento da questão e do esclarecimento prestado.

Artigo 10.º – Tempo das intervenções

1. Por simulação cada subequipa dispõe de um tempo total de 23 (vinte e três) minutos para apresentar a sua intervenção oral, incluindo o tempo necessário para responder às questões que possam ser colocadas pelos juízes, bem como o tempo reservado para a réplica ou tréplica. A divisão do tempo pelas intervenções é da responsabilidade da equipa, devendo a mesma ser anunciada aos juízes no início da intervenção inicial.

2. Sem prejuízo do disposto do número anterior, nenhum membro da subequipa deve intervir, em cada sessão, por um tempo superior a 15 (quinze) minutos.

3. A Réplica e a tréplica devem ser feitas num máximo de 3 (três) minutos.

4. Os juízes podem conceder uma tolerância máxima de 2 (dois) minutos por subequipa em cada sessão.

Capítulo III
Avaliações e apuramento

Artigo 11.º – Apreciação da Intervenção oral

1. As intervenções orais devem ser apreciadas por um coletivo de juízes, que pode interpelar os oradores a qualquer momento da sua intervenção.
2. Os organizadores convidam pessoas altamente qualificadas para desempenhar a função de juízes.
3. Cada prestação da equipa tem um registo de apreciações segundo as grelhas oficiais, fornecidas pelos organizadores.
4. Os juízes devem ter em consideração, entre outros critérios, a originalidade das intervenções, a inclusão de factos relevantes, a estrutura, clareza e lógica da exposição, o nível de conhecimento demonstrado de direito internacional diretamente aplicável aos factos, o caráter persuasivo dos argumentos apresentados e o rigor das respostas dadas.
5. Um júri selecionado pelos organizadores aprecia a capacidade oratória dos intervenientes com o objetivo de selecionar o melhor orador da competição.

Artigo 12.º – Eliminatórias

1. Cada subequipa litiga duas vezes durante a fase das eliminatórias contra subequipas de diferentes equipas.
2. Findas todas as sessões, os organizadores reúnem a fim de reunir as classificações agregadas obtidas nas sessões em que cada equipa participou, a fim de encontrar as quatro equipas apuradas para as semifinais.

Artigo 13.º – Apuramento para a Semifinal e Final

1. A equipa que tenha obtido a melhor classificação na fase das eliminatórias defronta na semifinal a equipa que tenha ficado em quarto lugar, ao passo que a equipa que tenha ficado em segundo lugar na fase das eliminatórias defronta a equipa que tenha ficado em terceiro lugar.

2. As Semifinais consistem numa única simulação, devendo as equipas que ficaram em primeiro e segundo lugar na fase da eliminatórias comunicar aos Organizadores se pretendem defender o Estado demandante ou demandado logo a seguir ao anúncio dos resultados.

3. A final consiste numa única simulação em que se defrontam as equipas vencedoras das semifinais em representação de Estado diferente daquele que defenderam nas semifinais.

4. Na eventualidade de as semifinais serem vencidas pela mesma parte no litígio, a atribuição da representação dos Estados na final será feita por sorteio logo a seguir ao anúncio dos resultados das semifinais.

Artigo 14.º – Composição e Avaliação das Semifinais e da Final

1. Cabe aos organizadores anunciar a composição do coletivo de juízes para as semifinais e para a final.

2. A apreciação das intervenções nas semifinais e na final não toma em consideração as apreciações anteriormente efetuadas.

Artigo 15.º – Equipa Vencedora

1. A equipa vencedora da competição é aquela cuja subequipa tiver a melhor apreciação na final.

2. O anúncio da equipa vencedora é feito na cerimónia de encerramento do Moot Court.

Artigo 16.º – Melhor Orador

1. O melhor orador é o membro de equipa que reunir melhor apreciação do júri convocado para a avaliação da capacidade oratória dos participantes.
2. O anúncio do melhor orador é feito na cerimónia de encerramento da competição.

Artigo 17.º – Prémios

1. A subequipa vencedora é premiada com estágios de Verão concedidos pela sociedade de advogados Vieira de Almeida & Associados, exceto no caso de os membros da subequipa vencedora não frequentarem o curso de direito.
2. A subequipa apurada para a ronda final que não vença a competição é premiada com estágios no Ministério dos Negócios Estrangeiros. Os vencedores deste prémio devem ainda comparecer numa entrevista com os representantes do Ministério dos Negócios Estrangeiros para a efetivação do estágio a realizar e a especificação dos moldes em que o mesmo decorrerá.
3. A subequipa da equipa vencedora que não litigar na final é premiada com estágios na Inspeção-Geral das Atividades Culturais.
4. O melhor orador da competição é igualmente premiado com um prémio atribuído pela editora Leya.
5. Caso se verifique o previsto na segunda parte do n.º 1 deste artigo, a subequipa vencedora é premiada com estágios no Ministério dos Negócios Estrangeiros e

a subequipa apurada para a ronda final que não vença a competição é premiada com estágios de Verão na sociedade de advogados Vieira de Almeida & Associados.

6. Os estágios referidos nos números anteriores estão sujeitos à confirmação e às condições estabelecidas pelas entidades que os concedem.

Capítulo IV
Disposições finais

Artigo 18.º – Poderes dos Organizadores

1. Os organizadores, na interpretação do presente Regulamento, podem tomar todas as medidas que considerar adequadas para garantir o normal decurso da competição.

2. Caso as circunstâncias o justifiquem, os organizadores podem decidir de forma distinta daquela prevista no presente Regulamento. Se tal acontecer, a mesma deve dar disso conta a todos os participantes tão brevemente quanto possível, apresentando adequada fundamentação.

3. Aos organizadores cabe a decisão sobre todos os casos omissos deste Regulamento.

4. Qualquer decisão tomada pelos organizadores nas questões relativas ao funcionamento da competição é insuscetível de recurso.

Artigo 19.º – Penalizações

Qualquer violação manifesta das disposições inseridas no presente Regulamento ou das instruções genéricas anunciadas pelos organizadores pode resultar numa penalização das equipas.

ANEXO III
CRONOGRAMA

VI EDIÇÃO DO MOOT COURT PORTUGUÊS DE DIREITO INTERNACIONAL 2016

CRONOGRAMA

18 de setembro (2ª feira) – Reunião preparatória
18 – 23 de setembro: leituras gerais sobre direito internacional público e, em particular, sobre o funcionamento do Tribunal Internacional de Justiça
26 de setembro (2ª feira) – Divulgação do caso no sítio do moot court
28 de setembro (4ª feira) – Reunião para análise do caso e distribuição de tarefas
3, 10, 17 e 24 de outubro – Reuniões para discussão das alegações escritas
1 de outubro (3ª feira) – Prazo de inscrição da equipa
22 de outubro (sábado) – Prazo para pedidos de clarificações sobre o caso
31 de outubro (2ª feira) – Prazo para envio das alegações escritas
16 e 23 de novembro – Sessões de treino das alegações orais
29 de novembro (3.ªfeira) – Ronda interna de apuramento para a final
2 de dezembro (6ª feira) – Sessão de treino das alegações orais
5 de dezembro (2ª feira) – Final nacional no Tribunal da Relação de Lisboa

ANEXO IV
FICHA DE LEITURA

Referência bibliográfica/Jurisprudencial:
Palavras-chave:
Resumo:
Citações:
Comentários:
Remissões para outras fichas:

ANEXO V
CAPA

VI EDIÇÃO DO MOOT COURT PORTUGUÊS DE DIREITO INTERNACIONAL
SETEMBRO-DEZEMBRO DE 2016

FACULDADE DE DIREITO UNIVERSIDADE NOVA DE LISBOA

BITRÓNIA
DEMANDANTE

Vs.

ISTÍNIA
DEMANDADO

ALEGAÇÕES DA BITRÓNIA

Agentes:
André Lopes
João Silva
Joana Alves
Maria Sousa

ANEXO VI
PROGRAMA

2ª Feira, 5 de dezembro de 2016

- 08:30: Chegada ao Tribunal da Relação de Lisboa
- 09:00 – 17:00: Sessões de julgamento (Tribunal de Relação de Lisboa)
- 17:30: Cerimónia de entrega de prémios (VdA – Amoreiras)

	ELIMINATÓRIAS			
Sala	*Salão Nobre*	*Sala de atos*	*Biblioteca*	*Sala de reuniões*
1ª SESSÃO **9:00 – 9:50**	**FDUNL** (Bitrónia) v **FDL** (Istínia) Juízes: AP, AR, CB O.J.: JFD	**EDM** (Bitrónia) v **ISCSP** (Istínia) Juízes: FPC, GM, GVM O.J.: MBB	**FDUP** (Bitrónia) v **FDUC** (Istínia) Juízes: MAR, MK, MM O.J.: PL	**FCSH** (Bitrónia) v **UCP** (Istínia) Juízes: RB, RL, TFF O.J.: VG
9:50-10:00	*Intervalo*			

2ª SESSÃO 10:00-10:50	**ISCSP** (Bitrónia) v **FDUP** (Istínia) Juízes: AP, AR, CB O.J.: JFD	**UCP** (Bitrónia) v **FDUNL** (Istínia) Juízes: FPC, GM, GVM O.J.: MBB	**FDL** (Bitrónia) v **FCSH** (Istínia) Juízes: MAR, MK, MM O.J.: PL	**FDUC** (Bitrónia) v **EDM** (Istínia) Juízes: RB, RL, TFF O.J.: VG
10:50-11:15	*Intervalo – Cofee-Break*			
3ª SESSÃO 11:15-12:05	**EDM** (Bitrónia) v **UCP** (Istínia) Juízes: AP, AR, CB O.J.: JFD	**FCSH** (Bitrónia) v **FDUC** (Istínia) Juízes: FPC, GM, GVM O.J.: MBB	**FDUNL** (Bitrónia) v **ISCSP** (Istínia) Juízes: MAR, MK, MM O.J.: PL	**FDUP** (Bitrónia) v **FDL** (Istínia) Juízes: RB, RL, TFF O.J.: VG
12:05-12:15	*Intervalo*			
4ª SESSÃO 12:15-13:05	**FDUC** (Bitrónia) v **FCSH** (Istínia) Juízes: AP, AR, CB O.J.: JFD	**FDL** (Bitrónia) v **FDUP** (Istínia) Juízes: FPC, GM, GVM O.J.: MBB	**UCP** (Bitrónia) v **EDM** (Istínia) Juízes: MAR, MK, MM O.J.: PL	**ISCSP** (Bitrónia) v **FDUNL** (Istínia) Juízes: RB, RL, TFF O.J.: VG
13:05-14:00	*Intervalo para Almoço*			

	SEMIFINAIS	
Sala	*Salão Nobre*	*Sala de atos*
14:00 - 14:50	**SEMIFINAL 1** 1.º classificado c. 4.º Classificado Juízes: *a anunciar*	**SEMIFINAL 1** 2.º classificado c. 3.º Classificado Juízes: *a anunciar*
14:50 - 15:30	*Intervalo para Almoço*	

	FINAL
Sala	*Salão Nobre*
15:30 - 16:30	Vencedor 1.ª Semifinal c. Vencedor 2ª Semifinal Juízes: *a anunciar*

Equipas:

EDM – Escola de Direito do Minho;

FCSH: Faculdade de Ciências Sociais e Humanas da Universidade Nova de Lisboa;

FDL – Faculdade de Direito da Universidade de Lisboa;

FDUC – Faculdade de Direito da Universidade de Coimbra;

FDUP – Faculdade de Direito da Universidade do Porto;

FDUNL – Faculdade de Direito da Universidade Nova de Lisboa;

ISCSP – Instituto Superior de Ciências Sociais e Políticas da Universidade de Lisboa
UCP – Universidade Católica Portuguesa (Escola de Direito de Lisboa).

Juízes: (o juiz referido em primeiro lugar preside à sessão)
AP: Afonso Patrão (FDUC)
AR: Armando Rocha (UCP)
CB: Carla Borges (VdA)
FPC: Francisco Pereira Coutinho (FDUNL)
GM: Gonçalo Matias (UCP)
GVM: Gonçalo Veiga de Macedo (Linklaters)
MAR: Manuel de Almeida Ribeiro (ISCSP)
MK: Mateus Kowalski (Ministério dos Negócios Estrangeiros)
MM: Maria Mineiro (Secretaria de Estado da Cultura)
RB: Ricardo Bastos (Ministério dos Negócios Estrangeiros)
RL: Rui Lanceiro (FDL)
TFF: Tiago Fidalgo de Freitas (FDL)

Oficiais de justiça:
JFD: João Francisco Diogo
MBB: Maria Beatriz Brito
PL: Paulo Lacão
VG: Válter Gouveia

ANEXO VII
ROADMAP

I. BITRÓNIA NÃO PODE SAIR DA UA

i. O Tratado da União Atlântica não prevê a possibilidade de recesso unilateral por um Estado-Membro

   – Art. 56.º, n.º 1, proémio, CVDTE

ii. O caráter multilateral do Tratado da União Atlântica impede o recesso unilateral de um Estado-Membro

   – Art. 60.º, n.º 2, al. b), CVDTE permite apenas a suspensão

iii. Da natureza do Tratado da União Atlântica ou da intenção das partes contratantes não se pode inferir qualquer direito de recesso unilateral

   – Bitrónia não invocou o direito de saída unilateral baseado nas al. a) e b) do art. 56.º CVDTE
   – A não previsão expressa de uma cláusula de recesso foi intencional (tratados têm uma vigência ilimitada e pretendem criar uma União política)

– Bitrónia não notificou saída com a antecedência mínima de 12 meses (art. 56.º, n.º 2, CVDTE.

II. EMBARGO E CONFISCO NÃO VIOLAM TRATADOS DA UA OU DA OMC

(...)

ANEXO VIII
BENCH MEMO

> **CONFIDENCIAL**

Caso do Desaparecimento da Moeda Única

1. Nota prévia

Este documento inclui algumas pistas de resolução do caso. Não pretende esgotar os argumentos jurídicos que podem ser utilizados pelos estudantes. A invocação de argumentos inovadores que não constem deste *bench memo* e que sejam acertados do ponto de vista jurídico e da estratégia processual deve ser valorizada. A avaliação das peças escritas e a elaboração de perguntas durante a audiência pode basear-se neste guia, mas não necessita cingir-se a ele.

Em seguida analisam-se os quatro pedidos suscitados no âmbito do conflito entre Bitrónia e a Istínia perante o Tribunal Internacional de Justiça. Para além destes, poderiam ser discutidas questões de índole processual, como por exemplo a relativa ao cumprimento dos prazos previstos na Convenção de Viena para o recurso a vias jurisdicionais.

2. Deve a Bitrónia pagar as dívidas contraídas antes da reintrodução do florim bitrónico através do respectivo valor real, a apurar através do valor médio de um cabaz de moedas fortes?

(...)

3. Deve a Bitrónia indemnizar a Istínia pelo justo valor, apurado por critérios objectivos, as nacionalizações decididas pelos Governo da Bitrónia?

(...)

4. A Bitrónia, ao declarar a saída da UA, violou os Tratados que regem esta organização internacional, os quais não preveem a possibilidade de recesso?

Uma vez que o Tratados que regem a União Atlântica não incluem uma disposição que preveja um direito de saída unilateral dos seus Estados-Membros, a Ístinia pode invocar o princípio *pacta sunt servanda*, implícito ao proémio do art. 56.º da CVTDE, onde se refere que "um tratado que não contenha disposições relativas à cessação de vigência e não preveja que as parte possam denunciá--lo ou dele retirara-se não pode ser objeto de denúncia ou de retirada" (v. também art. 54.º, al. a) do art. 54.º da CVDTE).

A invocação de uma violação material dos tratados resultante do anúncio pela Istínia de um embargo comercial a importações da Bitrónia e do confisco de bens de nacionais deste Estado não constitui fundamento suficiente para a cessação da vigência dos tratados que regem a União Atlântica. O art. 60.º, n.º 2, al. b), CVDTE autoriza nestes casos a suspensão da aplicação destes tratados. A cessação da sua vigência exige, nos termos do art. 60.º, n.º 2, al. a), CVDTE decisão unânime de todos os outros Estados-Membros da União Atlântica.

Mais promissora para a Bitrónia seria fundar a retirada da União Atlântica num direito que pode ser deduzido da natureza dos tratados que regem esta organização internacional (art. 56.º, n.º 1, al. b, CVDTE). Muitos autores consideram que o direito de saída de organizações internacionais resulta implícito dos respetivos tratados constitutivos, especialmente em casos de organizações internacionais que tenham por objeto fomentar as trocas comerciais entre os seus membros. Alguma prática estadual parece confirmar esta posição, que se fundamenta na ideia voluntarista de que os Estados são livres para exercer o seu direito soberano de se retirarem dos seus compromissos internacionais. Contra este entendimento, a Istínia podia invocar a natureza especial da União Atlântica, que à semelhança da União Europeia, se quis mais do que uma simples organização de cooperação meramente económica, assumindo como objetivo a unificação política. Teria sido, por isso, intencional a decisão dos Estados em não incluir um direito de saída em tratados que apresentam uma duração indeterminada, pois tal seria contrário ao principal objetivo da organização que é o de unificar os Estados que a compõe. O argumento da soberania, por seu turno, apenas pode ser relevante para o momento da constituição ou adesão a uma organização internacional, deixando de ser decisivo depois disso, por via da aplicação do princípio *pacta sunt servanda* (art. 26.º da CVDTE). A invocação do art. 56.º CVTDE estaria, em todo o caso, sempre limitada pela obrigação da Bitrónia de notificação, com um prazo mínimo de doze meses, dos outros Estados-Membros da União Atlântica da sua decisão de retirada da organização (Art. 56.º, n.º 2, CVTDE).

Possíveis perguntas:

- Tratados multilaterais podem ser denunciados?
- Quais são os efeitos do não cumprimento da notificação do recesso com a antecedência de doze meses?
- A duração indeterminada de um tratado constitutivo de uma organização internacional não deve ser um fator determinante para aferir a possibilidade de recesso unilateral de um Estado?
- O fim de construção de uma comunidade política anunciado pelo Tratado da União Atlântica não deve ser interpretado como impossibilitando o recesso unilateral por um dos seus Estados-Membros?

5. A Istínia violou o direito internacional ao decretar o embargo a todas a importações de produtos originários na Bitrónia e o confisco dos bens dos seus nacionais?

(...)

ANEXO IX
FOLHA DE PONTUAÇÃO
– ALEGAÇÕES ESCRITAS

Equipa_____ Juiz_____

Critérios de correção	BITRÓNIA	ISTÍNIA
PONTOS POSITIVOS		
Argumentação jurídica (0-50)		
Apresentação e estilo (0-30)		
Gramática (0-30)		
PONTOS NEGATIVOS	(A preencher pela organização)	

Violação do limite máximo de páginas da secção de mérito das alegações: i) até uma página: 10 pontos; ii) mais do que uma página: 50 pontos.		
Incumprimento do limite de páginas do sumário: i) até 1/2 página: 10 pontos; ii) mais do que uma página: 50 pontos.		
Atraso no envio das alegações escritas: i) até 24 horas: dez pontos; ii) mais do que 24 horas: 50 pontos.		
TOTAL (MAX. 100 POINTOS)		

Data: **Assinatura:**

ANEXO X
FOLHA DE PONTUAÇÃO – ALEGAÇÕES ORAIS

Sessão (assinale uma): ☐ 1.ª Sessão; ☐ 2.ª Sessão; ☐ 3.ª Sessão; ☐ 4.ª Sessão **Juiz:** _____

Critérios de avaliação	Nome:	BITRÓNIA		ISTÍNIA	
Gestão do tempo e organização	0-5				
Conhecimento do direito aplicável e capacidade argumentativa	0-10				
Resposta a perguntas	0-5				
Fluência	0-5				
Total	25 (Máx.)				

ÍNDICE

PREFÁCIO 5
NOTA PRÉVIA 11
PLANO 15

CAPÍTULO I – PERGUNTAS FREQUENTES 17
1. O que é são moot courts? 17
2. Qual é o objetivo dos moot courts? 18
3. Como se estruturam os moot courts? 19
4. Quando surgiram os moot courts? 19
5. Sobre que matérias versa a simulação judicial? 22
6. Porquê participar em moot courts? 24
   6.1. Desenvolver capacidades e descobrir vocações 24
   6.2. Aprender a trabalhar em equipa 26
   6.3. Adquirir conhecimentos 26
   6.4. Valorização curricular 26
   6.5. Networking 28
   6.6. Viajar e confraternizar 28
7. Em que moot courts participar? 29
8. Como participar em moot courts? 45
9. Por que razão devem as faculdades de direito apoiar os moot courts? 46

CAPÍTULO II – PARTICIPAR EM MOOT COURTS 49
1. Passos iniciais 49
   1.1. Escolher o moot court 49
   1.2. Formar a equipa 51
   1.3. Fazer um cronograma 53

  1.4. Leituras preliminares 53
  1.5. Organizar a equipa... 53
2. Pesquisa.. 55
  2.3. Dossier 65
3. Redigir as alegações escritas 65
  3.1. Estrutura 65
  3.2. Como redigir uma alegação...................................... 75
4. Alegações orais... 80
  4.1. O que esperar 80
  4.2. Preparação... 81
    4.2.1. Reorganizar a equipa..................................... 81
    4.2.2. Dividir o tempo 82
    4.2.3. Elaborar um roadmap 83
    4.2.4. Simular a audiência final 84
  4.3. Como apresentar as alegações................................... 85
  4.4. Responder a perguntas 92
  4.5. Gestão do tempo.. 94
  4.6. Erros comuns... 95
5. Financiamento.. 101

CAPÍTULO III – ORGANIZAR UM MOOT COURT ... 103
1. Escolher o formato e o nome.. 103
2. Criar uma estrutura institucional e organizativa............. 104
3. Procurar patrocinadores... 106
4. Escolher o local e a data para as sessões de julgamento 107
5. Elaborar o regulamento e o cronograma 109
6. Redigir o caso 110
7. Publicitar o moot court... 111
8. Escolher os juízes 112
9. Preparar as sessões de julgamento................................... 113

CAPÍTULO IV – JULGAR MOOT COURTS 117
1. Preparação... 117
2. Avaliação das alegações escritas....................................... 119
3. A audiência de julgamento... 121

3.1. Papel do juiz 121
3.2. Princípios fundamentais a ter em conta 124
    3.2.1. Equidade no tratamento das equipas 124
    3.2.2. Clareza nas perguntas 125
    3.2.3. O moot court não é uma prova oral de conhecimentos 126
    3.2.4. O tribunal é coletivo e não singular 126
3.3. Avaliação 127
3.4. Orientação da sessão 129
4. Feedback 130

BIBLIOGRAFIA 133

ANEXOS 135
    O Caso 137
    O Regulamento 143
    Cronograma 153
    Ficha de Leitura 155
    Capa 157
    Programa 159
    Roadmap 163
    Bench Memo 165
    Folha de Pontuação – Alegações Escritas 169
    Folha de Pontuação – Alegações Orais 171